Josef F. Justen

Das wahre Leben beginnt erst nach dem Tod

Einführung in das Thema
»Leben nach dem Tod«

AF286955

Bibliografische Information der Deutschen Nationalbibliothek:
Die Deutsche Nationalbibliothek verzeichnet diese Publikation in der Deutschen Nationalbibliografie; detaillierte bibliografische Daten sind im Internet über dnb.dnb.de abrufbar.

Titelfoto: © Foto auf pixabay

Herstellung und Verlag:
BoD – Books on Demand, Norderstedt

ISBN: 978-3-7583-6526-3

Inhaltsverzeichnis

Wer weiß denn, ob das Leben nicht Totsein ist und das Totsein Leben?

Euripides

Eine kleine Geschichte zur Einstimmung

Das Leben »danach«

Eine Frau war schwanger. Ihr Arzt machte ihr die freudige Mitteilung, dass sie Zwillinge bekommen werde.

Die Wochen vergingen, und die Zwillinge fühlten sich im Schoße ihrer Mutter pudelwohl. »Ist es nicht wunderbar, dass wir empfangen wurden? Ist es nicht herrlich, dass wir leben?«, sprudelte es aus einem der beiden Zwillinge hervor. Der andere stimmte ihm voll und ganz zu.

Die beiden begannen, ihre vorgeburtliche Welt mehr und mehr zu entdecken und zu lieben. Als sie eines Tages die Nabelschnur bemerkten und erforschten, sagte einer der beiden: »Wie sehr muss uns unsere Mutter lieben, dass sie ihr Leben mit uns teilt und uns alles schenkt, wessen wir bedürfen!«

Es vergingen weitere Wochen. Die Zwillinge merkten, dass sie immer mehr wuchsen und sich nicht mehr so ungehindert im Mutterleib bewegen konnten. Der eine wurde nun sehr traurig und sprach: »Weißt du, was das bedeutet? – Der Aufenthalt in dieser Welt neigt sich seinem Ende entgegen!«

»Ich will aber nicht, dass dieses schöne Leben endet. Ich will nicht geboren werden«, beklagte sich der andere.

»Mir behagt die Vorstellung unserer Geburt auch nicht. Aber vielleicht gibt es ja ein Leben nach der Geburt«, meinte der erste.

»Wie könnte das möglich sein? Wie sollten wir ohne die mütterliche Nabelschnur existieren können? Außerdem ist noch keiner, der in diesem Schoße war, zurückgekommen! Die Geburt ist das Ende. Es gibt kein Leben nach der Geburt!«, entgegnete der andere.

Darauf erwiderte der erste: »Wenn es wirklich kein Leben nach der Geburt geben sollte, welchen Sinn hat dann das Leben im Schoße unserer Mutter?«

»Vielleicht gibt es gar keine Mutter. Schließlich hat sie noch keiner von uns beiden jemals zu Gesicht bekommen. Möglicherweise haben wir sie uns nur konstruiert, um unser jetziges Leben besser verstehen zu können. Es ist alles so sinnlos!«, sprach der andere.

»Wenn du nicht an die Mutter glaubst, wird sie dich nach der Geburt verstoßen!«, entgegnete der erste.

Die Zwillinge kamen überein, an ihre Mutter zu glauben, nicht mehr an die drohende Geburt zu denken und ihr Leben im Mutterschoße zu genießen. Ihre Zweifel, Ängste und Sorgen konnten sie aber nicht immer verdrängen...

Vorwort

Die weitaus meisten Menschen in der europäisch-amerikanischen Welt befassen sich nicht – oder zumindest nicht ernsthaft – mit der Frage, ob es ein Leben nach dem Tod gebe. Sie ziehen es vor, alles zu verdrängen, was mit dem Thema »Tod und Sterben« zusammenhängt. Manche scheinen geradezu nach dem Motto zu verfahren, dass der Tod sie nicht ereilen könne, wenn man ihm nur keinen gedanklichen Raum gibt. Zu groß ist wohl ihre Angst vor dem Sterben und dem vermeintlichen oder möglichen ›Nichts‹, in das sie anschließend fallen könnten.

Aber spätestens wenn wir in unserem privaten Umfeld mit einem Todesfall konfrontiert werden, fordert dieses Thema sein Recht. Wem von uns wären in einer solchen Situation nicht schon einmal Fragen durch den Kopf geschossen, die wir ansonsten nur allzu gern in unseren tiefsten Seelenschichten verschlossen halten, weil sie *scheinbar* so rein gar nichts mit unserem alltäglichen Leben in einer hoch technokratischen Gesellschaft mit ihren vielen sozialen Spannungsfeldern zu tun haben. Jetzt brechen die »großen Sinnfragen« aus ihrem ›Seelenkerker‹ aus und dringen in unser Tagesbewusstsein vor:

➤ *Was ist der Sinn dieses Todes und aller damit verbundenen Leiden?*

➤ *Wo wird die Seele des Verstorbenen jetzt sein?*

➤ *Was wird der Mensch nach seinem Tod alles erleben können und durchzumachen haben?*

➤ *Wie können wir ihn als Hinterbliebene auf seinem nachtodlichen Weg unterstützen?*

➤ *Wird er vielleicht eines Tages auf der Erde wiedergeboren werden?*

… und viele mehr.

Oftmals dauert es nur wenige Tage, dass uns diese Fragen einfach keine Ruhe lassen wollen. Dann werden wir wieder vom Getöse und der Hektik unseres Alltagslebens ergriffen und von der Vielzahl unserer täglichen Pflichten in Beschlag genommen. Die Beschäftigung mit solchen Fragen scheint mit dem heute herrschenden Zeitgeist nicht vereinbar zu sein.

Wie wir noch sehen werden, ist es aber von unermesslicher Bedeutung, dass wir uns mit diesem Thema auseinandersetzen, dass wir uns um wahrhafte Erkenntnisse über dasjenige bemühen, was uns nach dem Tod erwartet (☞ S. 75ff.).

Erfreulicherweise hat es doch den Anschein, dass in heutiger Zeit immer mehr Menschen auf der Suche nach Antworten auf die großen Sinnfragen sind. Sie suchen nach Büchern, die diese Thematik behandeln. In der Tat gibt es unzählige Bücher, die zum Teil in seriöser, zum Teil in etwas dubioser Art von dem Leben nach dem Tod handeln. Nun ist es für einen Leser aber alles andere als einfach, aus der kaum noch überschaubaren Fülle der Literatur das für ihn passende und ›richtige‹ zu finden.

Dieses Büchlein wendet sich an Leser, die sich bisher noch nicht intensiv mit diesem Thema befasst haben, die sich ihm vielleicht sogar *erstmals* nähern wollen, um eine erste Orientierung gewinnen zu können. Es werden einige wichtige Aspekte und Eckpfeiler, die das Leben nach dem Tod betreffen, erläutert. Auch müssen wir zuvor noch den Blick auf einige andere geistige Wahrheiten werfen, ohne die man das nachtodliche Leben nicht verstehen könnte. Zum Verständnis der folgenden Darstellungen sind *keinerlei* Vorkenntnisse vonnöten.

Am Ende werden wir einige weiterführende Bücher empfehlen, die für ein gezieltes *Vertiefen* der Thematik bestens geeignet sind (☞ S. 90ff.).

Der Glaube an ein Leben nach dem Tod –
früher und heute

Ohne heimlichen Unglauben an die Unsterblichkeit
gäbe es weit mehr Mut gegen den Tod
und mehr Zufriedenheit mit dem Leben
und weniger Überschätzung desselben.

Die Menschen haben gar nicht das Herz,
sich recht unsterblich zu denken.

Jean Paul

Psychologen sprechen gerne von der »Urangst vor dem Tod«. Diese Formulierung suggeriert, dass die Menschen schon immer diese Angst gehabt hätten, dass sie quasi so alt wie die Menschheit selber wäre. Das entspricht aber *nicht* den Tatsachen.

In ganz alten Zeiten, die bereits etliche Jahrtausende zurückliegen, gehörte es zu den ganz *natürlichen* Fähigkeiten eines Menschen, hellsichtig in die übersinnlichen Welten schauen zu können. Die geistigen Wesen – etwa die Engel, aber auch die Seelen der Verstorbenen – waren für sie genauso real wie es ihre Mitmenschen waren. Daher sind die damaligen Menschen gar nicht erst auf die Idee gekommen, den Tod als einen *radikalen* Übergang von einer Daseinsform in eine andere und schon gar nicht als ein Ende ihrer Existenz aufzufassen. Sie hatten noch ein ganz deutliches Bewusstsein, dass sie vor ihrer Geburt aus einer geistigen Welt herabgestiegen waren, in die sie nach dem Tod wieder hinaufsteigen werden. Das vorgeburtliche, das irdische und das nachtodliche Dasein war für sie *ein großer gemeinsamer* Lebensstrom. Man hatte also keine Angst vor dem Tod, weil man noch eine ganz *lebendige Anschauung* von dem hatte, was nach dem Tod geschieht. Man *wusste*, dass der Lebensstrom in der geistigen Welt fortgesetzt wird. Insbesondere war den Menschen bewusst, dass sie sich nach geraumer Zeit wieder auf der Erde verkörpern werden (☞ »Reinkarnation und Karma«, S. 15ff.). Diese Fähigkeit und dieses Bewusstsein mussten die Menschen nach und nach verlieren, um sich von der straffen Führung der ›Götter‹ (☞ Anhang, S. 83ff.), derer sie einstmals bedurften, zu lösen. Nur so konnten sie ihr Erdenleben mehr und mehr ergreifen lernen und zu selbständig denkenden und frei handelnden Wesen werden.

Bis vor etwa 2.000 Jahren waren etliche Menschen zumindest noch mit einer mehr instinktiven Hellsichtigkeit begabt. Diese teilten ihre Schauungen ihren Mitmenschen mit, die sie von Generation zu Generation weitergaben.

Bis vor nicht einmal 100 Jahren hatten die meisten Menschen keine Angst vor dem Tod, weil sie noch fest daran *glaubten*, dass es ein Leben nach dem Tod gibt. Diesen Glauben stützten sie auf die Lehren der Kirchen. Natürlich wurden sie von den Kirchen im Ungewissen gehalten, was sie nach dem Tod *genau* erwarten würde. Allerdings konnten sie den kirchlichen Lehren entnehmen, dass es ihnen nach dem Tod zumindest nicht schlecht ergehen würde, sofern sie ein anständiges und gottgefälliges Leben geführt haben. Die Hoffnung auf ein Leben im Himmel sorgte dafür, dass sie den Tod nicht fürchteten.

Das änderte sich spätestens in den 1950er Jahren, als sich der Materialismus immer mehr verbreitete. Heute hat diese Ideologie weite Teile der Gesellschaft derart verseucht, dass viele Zeitgenossen nur bereit sind, an das zu glauben, was sie selbst mit den eigenen Sinnen wahrnehmen und erkennen und was die Wissenschaftler erforschen und erklären können. Alles, was geistiger Natur ist und sich der Wahrnehmung mit den üblichen Sinnen entzieht, also geistige Welten (☞ S. 52ff. und Anhang, S. 87) und Wesen (☞ Anhang, S. 83ff.), verweist man ins Reich der Fabeln. Dass es auch heute einige Menschen gibt, die ›geistige Organe‹ besitzen, die sie befähigen, hellsichtig in geistigen Welten wahrzunehmen, halten sie für einen Unsinn. Damit gleichen diese Zeitgenossen einem Blindgeborenen, der Licht und Farben für eine Illusion hält. Als eine zwangsläufige Folge dieser materialistischen Gesinnung nimmt die Anzahl der Menschen stetig zu, die davon ausgehen, dass die menschliche Existenz mit dem Tode ein unwiderrufliches Ende fände. Gemäß einiger Umfragen aus den letzten Jahren ist ein Drittel der Deutschen davon überzeugt, dass es *kein* Leben nach dem Tod gebe. Ein Drittel hält ein nachtodliches Leben zumindest für möglich, nur ein Drittel glaubt fest daran. Selbst unter den gläubigen Katholiken sind es lediglich etwas mehr als 50 Prozent, die von einem Leben nach dem Tod *überzeugt* sind.

Aber auch unter den Zeitgenossen, die sehr wohl an ein Leben nach dem Tod glauben, kursieren noch etliche Irrtümer über das, was ein Verstorbener in den übersinnlichen Welten erlebt, was da auf ihn zukommt und was er dort durchzumachen und zu leisten hat. Die Vorstellungen, die heute viele Zeitgenossen mit dem Tod sowie mit dem Leben danach verbinden, sind recht sonderbar.

Aus welchen Quellen kann man Erkenntnisse über das Leben nach dem Tod gewinnen?

Anfang alles wertvollen geistigen Lebens
ist der unerschrockene Glaube an die Wahrheit
und das offene Bekenntnis zu ihr.
Auch die tiefste religiöse Erkenntnis
liegt nicht außerhalb des Denkens.

Albert Schweitzer

Eine ganz fundamentale irrige Ansicht, die viele vertreten, ist, dass man über das Leben nach dem Tod nichts wissen könne. »Es ist schließlich noch keiner zurückgekommen, der uns davon berichten könnte« kann man in diesem Kontext immer wieder hören.

Richtig ist vielmehr, dass es heute etliche Quellen gibt, in denen über das geschildert wird, was uns nach dem Tod in den übersinnlichen Welten erwartet. Man muss hierbei allerdings die Spreu vom Weizen trennen! In der *seichten* esoterischen Literatur sowie in den meisten Quellen, die auf *medialen Botschaften* basieren, lassen sich zwar durchaus zahlreiche und brauchbare Beschreibungen über das nachtodliche Leben finden, allerdings wird vieles häufig durch eine ›rosarote Brille‹ betrachtet. Auch findet man dort bisweilen nur Halbwahrheiten.

Als *eine* durchaus seriöse Quelle können die Berichte von Menschen gewertet werden, die schon ›mit einem Bein‹ die Schwelle des Todes überschritten hatten und in dieser Zeit, in der sie im Koma lagen oder gar als klinisch tot galten, Nahtod-Erlebnisse hatten.

Schilderungen von Hellsehern und Eingeweihten

Die gewiss zuverlässigsten und stimmigsten Erkenntnisse über geistige Tatsachen und somit auch über das nachtodliche Leben kann man den Forschungsergebnissen von sogenannten »Hellsehern« entnehmen.

Wie bereits erwähnt war die *Hellsichtigkeit*, also die Fähigkeit, geistige Welten und Wesen wahrnehmen und studieren zu können, vor vielen Jahrtausenden noch eine ganz normale Gabe, die *allen* Menschen zu eigen war. Die Menschen konnten also genau wissen, was die geistig-göttliche Welt von ihnen erwartete. Als »gut« konnten sie alles erkennen, was die geistigen Wesen, die ›guten Götter‹ (☞ Anhang, S. 83ff.), wollten. Sie lebten viel mehr im Bewusstsein der geistigen als der irdischen Welt. Die geistigen Welten erschienen den damaligen Menschen ungleich realer als die Erdenwelt.

Diese Fähigkeit, diese ganz natürliche Hellsichtigkeit *musste* nach und nach verloren gehen, damit die Menschen sich mehr der physischen Erde zuwenden und sich durch die Loslösung von den Weisungen der Götter ihre Unabhängigkeit, Selbständigkeit und Verstandeskräfte erwerben konnten. Dass die große Mehrheit der Menschen dadurch letztlich sogar das Wissen von der geistigen Welt gänzlich verloren hat und diese sogar als nicht existent betrachten kann, ist heute nicht zu übersehen. Die Menschheit ist mittlerweile also ins andere Extrem verfallen.

Nachdem in unserer Zeit die Menschen ihre Selbständigkeit und ihre Unabhängigkeit von den Weisungen der geistigen Welt längst erreicht – vermutlich sogar überschritten – und ihre intellektuellen Fähigkeiten längst auf ein hinreichendes Niveau erhoben haben, ist es von großer Bedeutung, dass sie sich früher oder später wieder einen unmittelbaren, persönlichen Zugang zur geistigen Welt erwerben. Es muss also mehr und mehr Menschen geben, die zu einem *neuen zeitgemäßen* Hellsehen fortschreiten. Es dürfte heute wohl bereits viele Tausend Menschen in der Welt geben, die hellsichtig sind und somit mit einem gewissen Recht als »*Hellseher*«, »*Geistesseher*« oder kurz »*Seher*« bezeichnet werden können.

Die Hellsichtigkeit darf gewiss als eine hohe Gabe betrachtet werden. Bei manchen hellsichtigen Menschen tritt diese Fähigkeit im Laufe des Lebens recht spontan auf. Zahlreiche Geistesseher bringen ihre Gabe, in übersinnlichen Welten wahrnehmen zu können, bereits ins Erdenleben mit. Diese vermögen dann schon im Kindesalter, geistige Wesen zu ›sehen‹, die für ihre Eltern, Geschwister, Freunde und Erzieher nicht zu existieren scheinen. Man darf aber *nicht alle* heutigen Hellseher in einen Topf werfen. Genau wie bei anderen Fähigkeiten, über die ein Mensch verfügen kann, verhält es sich auch hier so, dass diese Begabung bei unterschiedlichen Hellsehern unterschiedlich stark ausgeprägt sein kann. Schließlich tritt ja auch nicht jeder Sänger in der Mailänder Skala auf, und nicht jeder Fußballer spielt in der Nationalmannschaft.

Wir wollen hier noch kurz die Frage aufwerfen, wodurch heute eigentlich ein Mensch zum Hellseher werden kann und was einen solchen auszeichnet. Die ganz große Masse der heutigen Menschheit verfügt ja ganz offensichtlich nicht über diese Gabe. Warum können die weitaus meisten Menschen nicht in der geistigen Welt wahrnehmen? Warum können sie nicht Geistiges sehen oder hören? Nun, die Antwort ist einfach – und vielleicht zunächst doch schwer verständlich: Wir Durchschnittsmenschen nehmen die geistige Welt nicht wahr, weil wir in ihr *schlafen*. Diese vielleicht etwas sonderbar klingende Antwort ist im wortwörtlichen Sinne zu verstehen, wie man sich leicht klarmachen kann. Wenn wir nachts im Bette schlafen, so wird uns die Sinneswelt doch auch nicht bewusst. Sie scheint für uns in dieser Zeit nicht zu existieren. Wir nehmen nichts Physisches wahr; wir sehen, hören, fühlen, riechen und schmecken nichts. So wie wir nachts in der physischen Welt schlafen, so schlafen wir *permanent* in der geistigen Welt. Wie für uns des Nachts die Sinneswelt nicht zu existieren scheint, so scheint für uns die geistige Welt *grundsätzlich* nicht zu existieren, obwohl wir uns im Grunde immer in ihr befinden. Die physische Welt nehmen wir erst wieder wahr, nachdem wir morgens aufgewacht sind. Dann wird sie uns wieder bewusst. Sie kann uns deshalb bewusst werden, weil wir über die dazu nötigen *physischen Sinnesorgane* verfügen. Diese Organe waren aber im Urbeginn noch undifferenziert und nicht so entwickelt bzw. ausgereift, dass der Mensch durch sie Wahrnehmungen haben konnte. Erst durch die Einwirkungen des Lichtes und des Schalls konnten sich im Laufe der Zeit die Augen und Ohren zu solchen Organen entwickeln, die den Menschen befähigen, Sinnliches zu sehen bzw. zu hören. Um in der geistigen Welt wirklich aufwachen zu können, brauchen wir andere Organe, »geistige Organe«. Diese Organe, »geistige Augen«, »geistige Ohren«, usw., werden in fernöstlichen Traditionen »Chakren« oder »Lotosblumen« genannt. Dass sich diese Organe den physischen, materiellen Forschungsmethoden unserer Wissenschaftler entziehen und somit von ihnen für nicht existent gehalten werden, muss wohl nicht erwähnt werden. Über diese Organe verfügt *jeder* Mensch. Bei jedem sind sie *keimartig* veranlagt. Sie sind bei der großen Mehrheit der Menschen allerdings noch nicht ›geöffnet‹, so dass man mit ihnen noch nicht wahrnehmen kann. Sie befinden sich quasi noch im Embryonalzustand – ähnlich wie das im Urbeginn mit unseren heutigen physischen Sinnesorganen auch der Fall war. Erst nach dem Tod, wenn wir mit unserem physischen Leib die Sinnesorgane ablegen, wird uns diese Wahrnehmungsmöglichkeit erschlossen. Diese geistigen Organe *können* aber auch prinzipiell bei jedem Menschen zu Lebzeiten durch eine langjährige geistige Schulung geöffnet werden.

Wenn ein Hellseher geistig wahrnimmt, also geistige Welten und Wesen beobachtet, versetzt er sich, während er gewissermaßen ›außerhalb seines

Körpers‹ ist, in einen anderen Bewusstseinszustand, der ihm eine *höhere* Erkenntnismöglichkeit eröffnet. So spricht man vom *»imaginativen Bewusstsein«*, wenn er geistig *schaut* und vom *»inspirativen Bewusstsein«*, wenn er geistig *hört*. Nun kommt noch etwas Entscheidendes hinzu: Der hellsichtige Mensch der heutigen Zeit muss in der Lage sein, während seiner geistigen Beobachtungen sein übliches »Ich-« oder »Tages-Bewusstsein« voll aufrechtzuerhalten, das ihm stets eine kritische Instanz sein muss. Vielen Zeitgenossen – selbst denjenigen, die von der Existenz höherer Welten sowie einem Leben des Menschen nach dem Tod überzeugt sind – mag es nicht ganz leicht fallen, diese übersinnlichen Wahrnehmungs- bzw. Erkenntnismöglichkeiten, also die *»Imaginationen«* bzw. *»Inspirationen«* als eine Wahrheit anzuerkennen. Vermutlich liegt das einfach daran, dass diese Fähigkeiten so weit entfernt von allem sind, was sie selbst kennen und erfahren können. Diese Skeptiker könnten allerdings unzählige Stellen der Bibel nicht richtig deuten, an denen Ereignisse geschildert werden, welche sich im Geistigen abgespielt haben und vom Schreiber imaginativ geschaut oder inspirativ gehört wurden. Man würde die Heilige Schrift gar nicht verstehen können, ja geradezu verleugnen, wenn man diese Tatsache nicht anerkennen würde. Viele Bibelleser bemerken allerdings nicht, dass es sich bei sehr vielen Schilderungen um die Darstellung von etwas Geistigem handelt, sondern fassen diese als etwas auf, was sich im *äußerlich* Sichtbaren, also in der Sinneswelt ereignet hätte.

Die höchste Form der übersinnlichen Wahrnehmungsmöglichkeit, die sich nur wenigen Geistessehern erschließt, ist das *»intuitive Bewusstsein«*. Die intuitive Erkenntnismöglichkeit ist so umfassend, dass der Seher, der intuitiv wahrzunehmen vermag, die Geschehnisse im Kosmos mit*erleben* kann. Er ›steckt‹ ganz in den geistigen Wesen ›drin‹ und kann sich mit ihnen quasi ›eins‹ fühlen. Der Geistesseher muss gewissermaßen aus sich selbst heraustreten und ganz selbstlos werden, um sich mit einer anderen Wesenheit verschmelzen zu können. Rudolf Steiner sagte dazu einmal: **»Das Leben der Dinge in der Seele ist nun die Intuition. Es ist eben ganz wörtlich zu nehmen, wenn man von der Intuition sagt: man kriecht durch sie in alle Dinge hinein.«**[1] Auf diese Weise kann ein Geistesseher beispielsweise das Leben der Seele eines Verstorbenen bis in die höchsten Sphären der geistigen Welt verfolgen und gewissermaßen miterleben. Die Intuitionen entsprechen dem, was die Mystiker als die »Einswerdung mit Gott« anstrebten. Alles wird mit voller Gedankenklarheit und nicht bloß gefühlsmäßig erlebt.

Im Leben nach dem Tod werden Imaginationen, Inspirationen und Intuitionen zur normalen Wahrnehmungsform des Menschen. Im ersten Drittel dieser langen Zeitspanne wird der Mensch vorwiegend imaginativ, im zweiten Drittel mehr inspirativ und im letzten Drittel zusätzlich intuitiv wahrnehmen. Wenn man Nahtod-Berichte studiert, kann deutlich werden, dass auch den Menschen, die schon einmal ganz nah an der Todesschwelle standen, die imaginative und die inspirative Wahrnehmungsmöglichkeit eröffnet wurden.

Auf einer noch deutlich höheren Stufe als die Hellseher stehen die sogenannten »Eingeweihten« oder »Initiierten«. In fernöstlichen Ländern werden sie auch als »Erleuchtete« bezeichnet. Eingeweihte hat es zu allen Zeiten der Menschheitsentwicklung in allen großen Kulturen gegeben. Diese konnten die Aufgabe übernehmen, geistige Führer ihres Volkes zu werden. Die zu dieser besonderen Mission für würdig befundenen Menschen mussten einen sehr langen Schulungsweg beschreiten, um schließlich von einem Meister, dem »Hierophanten«, die Einweihung, die es in verschiedenen Graden gibt, zu empfangen. In früheren Zeiten wurde das in den sogenannten »Mysterienstätten« vollzogen. Diese Stätten wurden streng geheim gehalten. Die Art und Weise, wie diese Einweihungsprozedur vollzogen wurde, kann hier vernachlässigt werden.

Ein Eingeweihter, der meistens von den übrigen Menschen nicht als solcher erkannt wird, ist – zumindest im Normalfall – nicht nur im hohen Grade hellsichtig, sondern er hat sich durch seinen langjährigen Schulungsweg sowie die eigentliche Einweihung auch ein profundes Wissen über geistige Wesen und Welten angeeignet, so dass er das, was er zu schauen vermag, weitgehend verstehen und in große Zusammenhänge bringen kann. Bei vielen Hellsehern sind diese Kenntnisse nicht vorhanden, was die große Gefahr birgt, dass sie ihre Schauungen falsch bewerten und einordnen oder im Extremfall gar nicht verstehen.

Eingeweihte, die nahezu jeder kennt, waren die vier Evangelisten – allen voran Johannes, der Schreiber des Johannes-Evangeliums und der Geheimen Offenbarung. Somit kann man die Evangelien durchaus auch als »Einweihungsschriften« bezeichnen. Es ist gerade in unserer heutigen Zeit sehr wichtig, dass initiierte Persönlichkeiten über einen scharfen und wissenschaftlich geschulten Verstand verfügen und somit sehr wohl in der Lage sind, das Geistige, das sich ihnen offenbart, wirklich verstehen und beurteilen zu können.

Auch für unser Zeitalter gibt es neue, moderne Einweihungswege, die prinzipiell von jedem Menschen beschritten werden können, wenngleich dazu ein sehr hohes Maß an sittlich-moralischer Reife, emotionaler Ausgeglichenheit, Willenskraft und Geduld vonnöten ist. Es liegt auf der Hand, dass es in der Gegenwart *deutlich* weniger Eingeweihte als Hellseher gibt.

Rudolf Steiner und seine Anthroposophie

Der wohl höchste Eingeweihte, der in der jüngeren Vergangenheit im Abendland aufgetreten ist, war Dr. *Rudolf Steiner*, der Begründer der *»Anthroposophie«*. Da viele Ausführungen in dieser Schrift ganz stark auf seinen Erkenntnissen und Forschungsergebnissen basieren, soll er im Anhang (☞ S. 79ff.) in aller Kürze vorgestellt werden. **»Aussagen Rudolf Steiners, die wir in diesem Büchlein zitieren, sind in einer anderen Schriftart gedruckt, um auf den ersten Blick als solche erkannt werden zu können.«**

Auch in der Gegenwart gibt es einige hellsichtige und zum Teil sogar eingeweihte Menschen, die ihre Geistesforschungen ganz im anthroposophischen Sinne betreiben. Rudolf Steiner hat immer wieder gefordert oder zumindest gehofft, dass sich genügend Persönlichkeiten finden, die mit dieser Gabe im Sinne der anthroposophisch orientierten Geisteswissenschaft arbeiten und forschen, um diese weiterzutragen.

Hier sind allen voran zwei Persönlichkeiten zu erwähnen: *Judith von Halle* und Dr. *Iris Paxino*.

Es möge also keiner mehr sagen, über geistige Tatsachen im Allgemeinen und über das Leben des Menschen nach dem Tod im Besonderen könne man nichts wissen!

Reinkarnation und Karma

Die Ursache aller Dinge ist der Geist.
Er bringt einen Körper hervor,
durch den er seine Wunder vollführt.
Ist der Körper zerstört,
schafft sich der Geist einen neuen Körper,
der ähnliche oder höhere Eigenschaften hat.

Paracelsus

W enn man zu richtigen Vorstellungen über das Leben des Menschen nach dem Tod gelangen möchte, darf man nicht von falschen Voraussetzungen ausgehen.

Eine völlig falsche Annahme setzen die wohl meisten Menschen in unserem Kulturraum voraus: In Übereinstimmung mit den Lehren des konfessionellen Christentums gehen sie nämlich davon aus, dass jedes menschliche Wesen nur *ein einziges* Mal den irdischen Schauplatz betrete. Sie glauben also, dass der Mensch nur *ein einziges* Erdenleben durchzumachen habe.

Woher kommt der Mensch bzw. die Seele?

W ir wollen zunächst einen Blick darauf werfen, wie die heutige Wissenschaft, das konfessionelle Christentum und die anthroposophisch orientierte Geisteswissenschaft diese Frage, also die nach der Herkunft des Menschen, beantworten. Woher kommt der Mensch bzw. seine Seele, wenn diese durch die Empfängnis bzw. Geburt ins irdische Dasein steigt? Wir werden sehen, dass diese Antworten höchst unterschiedlich ausfallen.

Was sagt die moderne Naturwissenschaft?

I n jeder Religion gehört es zu den fundamentalsten Glaubensgrundlagen, dass der Mensch zumindest noch etwas *Unsterbliches*, etwas *Ewiges* in sich trägt, das den Tod überdauert. Diese unsterbliche Instanz im Menschen wird meistens als »*Seele*« bezeichnet. Noch vor 100 Jahren hätten die meisten Menschen daran nicht gezweifelt.

Das hat sich seitdem immer mehr geändert. Die weitaus meisten Zeitgenossen sind geneigt, dasjenige als Wahrheit anzuerkennen, was die moderne Naturwissenschaft lehrt. Diese ist längst mehrheitlich materialistisch gefärbt. Ein Materialist glaubt nur an das, was er vermöge seiner üblichen Sinne sowie seiner Messinstrumente und Apparaturen wahrnehmen, beobachten und studieren kann. Die meisten Naturwissenschaftler sind mittlerweile so materialistisch und arrogant geworden, dass sie alles rundherum für Träumereien oder Aberglauben halten, was sich ihren Forschungen und Denkmodellen entzieht. Sie sind nicht so ehrlich zuzugeben, dass sie mit all ihren Mitteln und Methoden, die an die menschlichen Sinne gebunden sind, ausschließlich Sinnliches, niemals aber Geistiges, beobachten und studieren können. Man kann etwas nicht nur deshalb für eine Illusion halten, weil man nicht die ›Organe‹ hat, es wahrzunehmen.

Die gegenwärtigen Wissenschaftler identifizieren das Wesen eines Menschen ganz mit seinem Körper, seinem »*physischen Leib*«, den sie als dessen einziges ›Wesensglied‹ betrachten. Diesen Leib, den man auch »*stofflich-mineralischen Leib*« nennen könnte, haben sie bis zu einem hohen Grad erforscht. Seine Funktionen können sie weitgehend erklären, wenngleich auch hier der alte Satz gilt: »Das Wissen von heute ist der Irrtum von Morgen!«

Man geht davon aus, dass der Mensch nichts anderes ist als das, was man mit Augen sehen, mit Ohren hören, mit Händen greifen sowie mit Apparaten durchleuchten bzw. untersuchen kann. Somit ist es auch durchaus konsequent, dass es wissenschaftlicher Konsens ist, dass ein Mensch nichts weiter ist als ein Konglomerat von physisch-mineralischen Substanzen. Seit *Darwin* fassen die Naturwissenschaftler den Menschen streng genommen als einen hochentwickelten Affen auf, der sich nur um ein paar Gensequenzen vom Menschenaffen unterscheide. Seit einigen Jahrzehnten treten immer mehr Wissenschaftler und Technokraten auf, die den Menschen gar als eine komplizierte ›Maschine‹, als einen ›biologischen, emotionsbegabten Roboter‹ betrachten.

Würde man heute einen Wissenschaftler fragen, woher die Seele komme, so würde er vermutlich sinngemäß antworten: »Welche Seele? Es gibt keine Seele! Das Faseln von einer Seele ist ein alter Aberglaube, den wir längst überwunden haben!«

Da in den wissenschaftlichen Lehren für eine Seele kein Platz mehr ist, wird die Ansicht vertreten, dass ein Kind bei der Empfängnis auf rein biologischem Wege aus dem Erbmaterial seiner Eltern aus dem ›Nichts‹ entstehe, ohne dass es dazu irgendwelcher göttlichen Schöpfermächte oder Vorbereitungen in einer rein geistigen Sphäre bedürfe. Vorher habe es dieses Wesen also noch gar nicht gegeben.

Nach wissenschaftlicher Anschauung existiert ein Mensch also nur in der kurzen Zeitspanne, die vom Zeitpunkt der Geburt bzw. Empfängnis bis zu seinem Tod reicht. Ein ewiges Leben hält man für Wunschdenken.

Was lehrt das konfessionelle Christentum?

Wie man etwa bei *Paulus* nachlesen kann, galt es in den ersten nach-christlichen Jahrhunderten noch als eine Selbstverständlichkeit, dass der Mensch ein *dreigliedriges* Wesen ist, das aus *Körper, Seele* und *Geist* be-steht. Auf dem achten allgemeinen Konzil, das im Jahre 869 in Konstanti-nopel stattfand, wurden die Voraussetzungen dafür geschaffen, dass diese Dreigliederung immer mehr aufgeweicht wurde, indem der Geist verleug-net wurde. Durch diese ›Abschaffung‹ des Geistes wurde von der Kirche – vermutlich ohne sich dessen bewusst zu sein – eine höchst fatale Entschei-dung getroffen, die den Boden bereitete, auf dem Jahrhunderte später der Materialismus gedeihen konnte. Nach Auffassung des konfessionellen Christentums besteht der Mensch also lediglich aus Körper und Seele, der allerdings einige geistige Eigenschaften zugestanden werden. Daher wird diese manchmal auch als »Geistseele« bezeichnet.

Selbstverständlich lehren die Kirchen, dass die menschliche Seele auch nach dem Tod weiter existiert.

Kommen wir nun auf die Frage, mit der dieser Abschnitt überschrieben ist, zurück: Woher kommt die Seele *nach kirchlicher Anschauung*?

Im »*Katechismus der katholischen Kirche*« heißt es: »*Die Kirche lehrt, dass jede Geistseele unmittelbar von Gott geschaffen ist – sie wird nicht von den Eltern ›hervorgebracht‹ – und dass sie unsterblich ist: Sie geht nicht zugrunde, wenn sie sich im Tod vom Leibe trennt, und sie wird sich bei der Auferstehung von neuem mit dem Leib vereinen.*«[2]

Gemäß dieser Theorie, die man als »Kreatianismus« bezeichnet, er-zeugt Gott jede einzelne Seele aus dem ›Nichts‹ und verbindet sie mit den durch die Zeugung verschmolzenen elterlichen Zellen. Somit können die Menschen also offenbar Gott durch einen Zeugungsakt zur ›Arbeit‹ zwin-gen! Der amerikanische Autor *James Morgan Pryse* weist auf die Absur-dität dieser These mit folgenden Worten hin: »*Das Seltsame dieser Theo-rie wird sofort offensichtlich, weil sich natürlich darin, dass sterbliche*

*Körper die zeitlichen Wohnungen für unsterbliche Seelen werden, eine
lächerliche Widersinnigkeit zeigt insofern, als zugunsten jedes sterblichen
Körpers, der zufällig gezeugt wird, eine unsterbliche Seele geschaffen
werden muss.«*[3]

Die Antwort der Kirchen auf die Frage, woher die Seele komme, lautet
also: »Die Seele wird von Gott aus dem Nichts geschaffen!« Eine Präexistenz der Seele wird ausdrücklich ausgeschlossen. Nach der im konfessionellen Christentum vorherrschenden Lehrmeinung dehnt sich der Begriff
»Ewigkeit« also nur in eine Richtung – in die Zukunft hinein – aus. Dass
sich auch im Bewusstsein der meisten Menschen ein »ewiges« Leben nur
in eine Richtung auszudehnen scheint, sieht man daran, dass es zwar den
Begriff »Unsterblichkeit«, nicht aber einen Begriff »Ungeborensein« oder
»Ungeborenheit« gibt.

Was lehrt die Geisteswissenschaft?

Dass die These, die Seele habe vor der Empfängnis noch gar nicht existiert, nicht haltbar ist, lässt sich bereits anhand einfacher Beobachtungen
darlegen.

Wenn man zwei beliebige Menschen betrachtet, so ist doch nicht zu
leugnen, dass diese recht verschieden voneinander sein können. Hierbei
soll nicht so sehr an solche Unterschiede gedacht werden, die sich dem
bloßen Auge des Betrachters offenbaren. Es geht also nicht darum, dass
der eine klein, der andere groß gewachsen ist, dass der eine blaue, der
andere braune Augen hat usw. Solche rein *körperlichen* Unterschiede sind
ja weitgehend mit den unterschiedlichen Erbanlagen zu erklären. Sie
stellen also kein Mysterium mehr dar. Denken Sie vielmehr an solche
Unterschiede, die eher *geistig-seelischer* Art sind und die sich nicht zwingend notwendig auf unterschiedliche Vererbungsströme zurückführen lassen. Wie unterschiedlich sind die Menschen, wenn Sie etwa an intellektu-
elle Fähigkeiten, spezifische Begabungen und Talente, aber auch an Tem-
peramente, Neigungen und dergleichen denken. Diese Unterschiede offenbaren sich häufig schon im Kleinkindalter.

Wie kann man eine Erklärung dafür finden, dass manche Menschen als
große Genien aufglänzen, während die weitaus meisten nur durchschnittlich begabt sind und einige sogar ein Leben in gewisser Dumpfheit führen
müssen? Unsere Wissenschaftler betrachten alle geistig-seelischen Fähigkeiten und Ausprägungen eines Menschen als etwas, das physischer Natur

ist und letztlich etwa mit Funktionen des Gehirns oder des Nervensystems zu erklären sei. Ein Verfechter dieser Theorie kommt nicht umhin, auch die genialen Fähigkeiten eines *Goethe, Schiller* oder *Mozart* auf Erbanlagen, die sie ihren Vorfahren verdanken, zurückzuführen.

Wenn diese These unzweifelhaft richtig sein sollte, müsste man das doch im Einzelfall nachweisen können. Man müsste also zeigen können, dass etwa die Eltern, Großeltern oder Urgroßeltern von Goethe oder Mozart oder all der anderen großen Genien über ähnlich geniale Anlagen verfügt hätten. Vererben kann man doch wohl nur das, was man selbst besitzt. Man kann beispielsweise nicht erwarten, dass ein Kind später einmal eine große, stattliche Figur bekommt, wenn seine Vorfahren klein und zierlich waren. Wenn Sie nun die Biografien einiger Genien studieren, werden Sie feststellen, dass deren Vorfahren sehr häufig nicht einmal ansatzweise über diejenigen Fähigkeiten verfügten, die solche Genien in hohem Maße auszeichneten. Die Vorfahren vieler großer Musiker wiesen keine sonderliche musikalische Begabung auf. Auch die Eltern Goethes besaßen nicht die denkerischen und dichterischen Fähigkeiten, die ihn berühmt machten.

Neben diesen jedem bekannten berühmten Persönlichkeiten der Menschheitsgeschichte kann man auch an die vielen ›Wunderkinder‹ denken, die meistens schon sehr früh starben und nicht zuletzt daher nie in den Fokus einer breiten Öffentlichkeit getreten sind. In der einschlägigen Literatur und im Internet kann man zahlreiche Biografien solcher Persönlichkeiten nachlesen, deren Leistungen, zu denen sie schon in früher und frühester Kindheit fähig waren, mehr als erstaunlich und geradezu unfassbar sind. Hier soll in aller Kürze nur eines dieser Wunderkinder vorgestellt werden.

Am 19. Januar 1721 kam *Jean Philippe Baratier* in Schwabach als Sohn eines reformierten Pfarrers zur Welt. Dieser konnte mit drei Jahren lesen und schreiben. Im Alter von acht Jahren beherrschte er mehrere Sprachen perfekt, darunter auch Latein, Griechisch, Arabisch, Hebräisch, Chaldäisch und Syrisch. Etwas später erwies er ungeahnte Fähigkeiten in der Religionsphilosophie, Mathematik und Astronomie. Mit 14 Jahren wurde er zum jüngsten Mitglied der Preußischen Akademie der Wissenschaften ernannt. Gleichzeitig begann er in Halle ein Jurastudium. Als 17-jähriger hielt er Vorlesungen an der Universität. Er starb mit 19 Jahren.[4]

Auch die Vorfahren der vielen Wunderkinder besaßen diese außergewöhnlichen Begabungen nicht einmal ansatzweise. Es kann also keinen Zweifel daran geben, dass geistig-seelische Fähigkeiten nicht ererbt werden können. Neben den körperlichen Eigenschaften und Merkmalen sind nur die *niederen* seelischen erblich. »Es ist zweifellos berechtigt, wenn man zur Erklärung der niederen seelischen Eigenschaften zu den physischen Vorfahren hinaufsteigt, und ebenso von Vererbung spricht, wie man es für die körperlichen Merkmale tut. Aber man will die Augen vor dem Wesentlichsten verschließen, wenn man dieselbe Richtung für die höheren Seeleneigenschaften, für das eigentlich Geistige im Menschen nimmt. Man hat sich eben daran gewöhnt, diese höheren seelischen Eigenschaften nur als eine Steigerung, als einen höheren Grad der niederen zu betrachten. Und man meint deshalb, man könne sich mit einer Erklärung zufriedengeben, die in demselben Sinne gehalten ist wie diejenige der seelischen Eigenschaften der Tiere.«[5]

Um zu untermauern, dass geistig-seelische Fähigkeiten *nicht* auf dem Wege der Vererbung gewonnen werden, muss man nicht unbedingt auf so extreme Situationen verweisen, wie sie sich im Falle eines Genies oder Wunderkindes ergeben. Wie unterschiedlich können etwa zwei Geschwister, ja sogar Zwillinge sein, was ihre geistig-seelischen Fähigkeiten angeht! Es kommt doch nur allzu oft vor, dass eines von zwei Geschwistern, obwohl beide in der gleichen Umgebung aufgewachsen und von denselben Menschen erzogen und umsorgt worden sind, geistig sehr rege ist, in der Schule gut vorankommt, an allem, was die Welt bietet, reges Interesse zeigt, während das andere geradezu stumpfsinnig ist. Bereits wenn wir auf uns selbst, unsere Eltern, Partner, Kinder oder Freunde schauen, werden wir bei fast allen gewisse Begabungen feststellen, die vielleicht nicht so spektakulär sind wie die eines Genies oder Wunderkindes, die aber doch höchst bemerkenswert und nicht so ohne weiteres erklärbar sind und die bei ihren Vorfahren definitiv nicht vorhanden sind, also nicht auf dem Wege der Vererbung erworben sein können. Oftmals handelt es sich dabei um ganz *natürliche*, sozusagen angeborene Fähigkeiten, die nicht in einer Ausbildung oder einem Studium erworben wurden.

Das, was ein Mensch von seinen Vorfahren erben kann, sind im Wesentlichen physische, körperliche Anlagen. Es ist im Grunde nur die gesamte physische Konstitution eines Menschen, die er – zumindest bis zu einem hohen Grad – von seinen Vorfahren auf dem Wege der Vererbung erhält. Anlagen und Fähigkeiten, die geistig-seelischer Natur sind, können nicht mit Vererbung erklärt werden. Die in unserer heutigen Zeit herrschende wissenschaftliche These, *alles* sei eine Frage der Gene, entspringt einer ebenso bequemen wie falschen Denkrichtung. Auch die Meinung vieler Psychologen, dass bestimmte Fähigkeiten vom Umfeld oder der

Umgebung abhängig seien, in denen die jeweilige Person aufgewachsen ist und erzogen wurde, kann in den meisten Fällen nicht als ausschlaggebende Erklärung in Betracht gezogen werden, wie das Beispiel mit den Geschwistern zeigt.

Wenn man ausschließt, dass geistig-seelische Fähigkeiten auf dem Vererbungswege entstehen können, andererseits aber – gemäß kirchlicher Auffassung – davon ausgeht, Gott würde wirklich bei der Zeugung bzw. Empfängnis jede Seele aus dem Nichts heraus *neu* schaffen, so müsste man ja eigentlich annehmen, dass jede Seele zunächst ein völlig unbeschriebenes Blatt darstellt. Eine so geschaffene Seele kann im Sinne dieser Lehre noch keine Erfahrungen gesammelt haben und noch keine spezifischen Fähigkeiten besitzen. Der Lebensweg *aller* Seelen müsste am gleichen Startpunkt, sozusagen bei »Null«, beginnen. Umso dringlicher stellt sich dann die Frage, woraus diese unterschiedlichen geistig-seelischen Fähigkeiten, die wir bei den Menschen beobachten können, resultieren. Wie kann man unter diesen Voraussetzungen etwa das Genie eines Goethe oder der vielen Wunderkinder erklären? Wenn diese These richtig wäre, müsste man doch unterstellen, Gott habe den Seelen bei ihrer Schaffung unterschiedliche Voraussetzungen mit auf den Weg gegeben. Dieser Schluss, so hart er auch klingen mag, erscheint zwingend, sofern man nicht an ein Zufallsprinzip oder an ein Wunder glauben mag. Diese These verträgt sich aber in keiner Weise mit dem christlichen Glauben, der mit Recht von einem gütigen, väterlichen und *gerechten* Gott spricht. Was könnte das mit Gerechtigkeit zu tun haben, wenn die eine Seele mit den Dispositionen geschaffen würde, die es ihr ermöglichen, als großes Genie aufzuleuchten, während eine andere so erschaffen wird, dass ihr im Extremfall ein Leben – wohlgemerkt: gemäß kirchlicher Lehre *ein einziges* Leben! – in Dumpfheit nicht erspart bleiben kann? Wie könnte man solche Fragen beantworten, ohne zu Floskeln wie »Gottes Wege sind unergründlich!« zu greifen?

Wenn geistig-seelische Fähigkeiten *nicht* erblich sind, und wenn das Erschaffen der Seelen, die von Beginn an mit unterschiedlichen Fähigkeiten begabt sind, mit der Vorstellung eines gerechten Gottes unvereinbar ist, bleibt nur folgende Erklärung: Die menschliche Seele muss sich ihre Fähigkeiten bzw. die Voraussetzungen dafür, dass sich diese Fähigkeiten offenbaren können, irgendwoher mitgebracht haben; sie muss sie in früheren Zeiten erworben haben; es muss eine *Präexistenz der Seele* geben; die Seele muss schon vor der Empfängnis in einer geistigen Welt oder Sphäre existiert haben.

Kein Mensch würde behaupten, dass sich irgendwelche Tierarten aus dem Nichts entwickelt hätten. Wie jeder weiß, haben sich im Laufe der Evolution höhere Tierarten aus niedrigeren entwickelt. Es ist also kein Wunder, dass plötzlich ein Löwe, ein Elefant oder ein Affe auf der Erde auftauchte. Der erste Löwe, Elefant oder Affe ist nicht von Gott aus dem Nichts geschaffen worden. Allerdings haben immer noch viele Menschen keine Scheu zu behaupten, die menschlichen Seelen seien durch ein Wunder aus dem Nichts entstanden. Genau wie eine Tierart schon vorher in einer anderen Form da gewesen ist, so hat sich auch die Seele des Menschen aus einer Form entwickelt, die schon vorher da gewesen ist. Die Biografie eines Menschen ist in gewissem Maße die Wirkung einer vorausgegangenen, aus der sie erklärt werden kann. Die Kernaussage des Karmagesetzes (☞ S. 27ff.) ist, dass alles, was ein Mensch in seinem gegenwärtigen Leben kann und macht, nicht als ein abgesondertes Wunder zu betrachten ist, sondern als Folge bzw. Wirkung mit der Daseinsform seiner Seele in früheren sowie als Ursache mit folgenden Leben zusammenhängt. Das macht einen ganz wesentlichen Unterschied zwischen Tier und Mensch aus. Einen Menschen kann man in all seinen Eigenarten und Fähigkeiten erst dann verstehen, wenn man seine *individuelle* Entwicklung berücksichtigt, die sich schon über viele Erdenleben erstreckt. **»Dagegen führt uns eine wirkliche, eine wahre Erkenntnis des Menschen dazu, dass wir sagen: Die Seele ist eben durchaus schon da, hat immer gelebt, und steigt eben einfach herunter zu dem, was ihr geboten wird durch den Menschenkeim und seine Befruchtung.«**[6]

Der Mensch ist eben doch kein hochentwickelter Affe oder gar eine komplizierte ›Maschine‹, wie uns die Naturwissenschaftler glauben machen möchten!

Im frühen Christentum war die Idee von der Präexistenz der menschlichen Seele durchaus noch bekannt. Sie wurde insbesondere von dem berühmten Schriftsteller und Kirchenlehrer *Origines* (um 185 bis 254) vertreten. Die Kirche sah sich genötigt, die Lehren dieses großen Denkers auf dem zweiten Konzil zu Konstantinopel im Jahre 553 zu verurteilen. Hier wurden viele Lehren, von denen die wohl meisten auf ihn zurückgingen, mit dem *Kirchenbann* belegt. Einer dieser Bannsprüche lautete: *»Wenn einer die erdichtete Präexistenz der Seelen und ihre daraus folgende phantastische Wiederherstellung vertritt – so sei er im Bann.«*[7]

Bis zum heutigen Tag halten die Kirchen in ihrer Verbohrtheit an dem damaligen Konzilsbeschluss fest und lehren, dass die menschliche Seele bei der Zeugung von Gott aus dem Nichts geschaffen werde, dass sie also vorher noch gar nicht existiert hätte.

In allen spirituellen Lehren gehört es zu den absoluten Grundlagen, dass die Seele des Menschen nicht nur nach dem Tod in der geistigen Welt weiterlebt, sondern dass sie vor der Empfängnis bereits dort gelebt hat. Es gibt also nicht nur ein *nachtodliches*, sondern auch ein *vorgeburtliches* Leben. Die Ewigkeit versteht man erst, wenn man beides versteht: *Ungeborenheit* und *Unsterblichkeit*.

Reinkarnation – die wiederholten Erdenleben

Unter dem Begriff »*Inkarnation*«, der wörtlich übersetzt »Fleischwerdung« bedeutet, versteht man, dass eine Menschenseele sich in einem physischen, also fleischlichen bzw. stofflich-mieralischen Leib verkörpert, wie das bei der Geburt bzw. Empfängnis der Fall ist.

Entsprechend bedeutet »*Reinkarnation*« – was man etwa mit »Wieder-Fleischwerdung« oder auch »Wiederverkörperung« übersetzen kann – eine *wiederholte* Inkarnation, also eine wiederholte oder erneute Geburt. Daher wird im Deutschen oftmals der Begriff »*Wiedergeburt*« verwandt. Insbesondere im letzten Jahrhundert hörte man bisweilen den Ausdruck »*Seelenwanderung*«, den man aber in einer etwas anderen Bedeutung benutzte. Wir halten ihn *nicht* für ein passendes Synonym zu »*Reinkarnation*«. Selbst der Begriff »Reinkarnation«, der sich allerdings eindeutig durchgesetzt hat, ist vielleicht nicht ganz so treffend, da er keine Aussage darüber macht, ob sich ein Mensch *mehrere* Male oder vielleicht nur *ein einziges Mal wieder*verkörpert. Daher wird in der Anthroposophie meistens von den »*wiederholten Erdenleben*« gesprochen.

Das Prinzip des Reinkarnationsgesetzes ist, dass sich jeder Mensch, besser jede menschliche Seele, *viele* Male auf der Erde verkörpert. Jeder Mensch hat schon zahlreiche Inkarnationen hinter sich und noch zahlreiche vor sich. Wenn man einen Menschen betrachtet, so muss man zwischen seiner »*Individualität*« und seiner »*Persönlichkeit*« unterscheiden. Jedes Menschenwesen stellt etwas Einzigartiges, Einmaliges und Individuelles dar. Jeder Seele ist es bestimmt, ewig zu existieren. Diese Seele, die durch viele Inkarnationen geht, stellt die menschliche »*Individualität*« dar. Der sichtbare Mensch, der auf der Erde umhergeht, der diese Seele bekleidet und von dieser belebt und durchpulst wird, ist die »*Persönlichkeit*«, die man mit einem konkreten Namen benennen kann. Ein und dieselbe Individualität, eine menschliche Seele, geht also in ihren vielen Inkarnationen durch viele – jeweils verschiedene – Persönlichkeiten hindurch.

Das, was stirbt und verschwindet, ist die Persönlichkeit. Es stirbt eines Tages der Hans Müller aus München. Aber die Seele, die den Leib dieser Persönlichkeit bewohnt hat, lebt zunächst in den übersinnlichen Welten weiter, um sich dann später wieder in einem anderen menschlichen Leib zu verkörpern. Die Individualität nimmt dann eine andere Persönlichkeit an.

Für den Menschen begann die Notwendigkeit, sich in einem sterblichen Leib in der Erdenwelt zu verkörpern, in fernster Vergangenheit, als er – wie es die »Schöpfungsgeschichte Mose«, die »Genesis« schildert – der luziferischen Versuchung erlegen ist und aus dem sogenannten »Paradies« vertrieben und auf die Erde geschickt wurde. Das Schicksal des Menschen ist aber nicht für alle Zeiten an den irdischen Plan gekoppelt. In ferner Zukunft wird er schon in einem viel geistigeren Zustand sein, so dass er weiterer Verkörperungen nicht mehr bedarf.

Was ist der Sinn der vielen Erdenleben?

Nun stellt sich eine ganz fundamentale Frage: Was ist eigentlich der Sinn, dass sich jede menschliche Individualität viele Male verkörpert? Welchem Ziel dienen die wiederholten Erdenleben?

Das entscheidende Wort, mit dem wir uns der Antwort nähern, lautet: »Entwicklung«!!! Alles im Kosmos – alle Welten, Planetensysteme und Wesen – befinden sich in einem *permanenten* Entwicklungsprozess, der vor Urzeiten begonnen hat und der im Grunde niemals endet. Alles, was die Entstehung und Entwicklung sämtlicher Welten und Wesen einschließlich des Menschen angeht, unterliegt einem gewaltigen göttlichen Plan, der unermesslich lange Zeiträume einbezieht und unfassbar komplex ist.

Das Ziel, das Ideal, das die Menschen erreichen *können*, ist so unvorstellbar hoch und erhaben, dass man sich fast geniert, es in Worte zu fassen.

Mit dem Menschen wollten die Götter (☞ Anhang, S. 83ff.) kein Wesen den Weltentatsachen eingliedern, das gewissermaßen eine ›Kopie‹ bereits existierender Wesen, etwa der Engelwesen, darstellt. Vielmehr liegt es im göttlichen Plan, mit dem Menschen ein ganz neuartiges und einzigartiges Wesen zu schaffen, ein Wesen, das eines Tages zur *wahren* Freiheit gelangen kann. Die Schöpfermächte wollen mit dem Menschen keine schlichten ›dienstbaren Geister‹ in die Weltenverhältnisse hineinstellen. Sie haben mit dem Menschen ein Wesen ins Weltensein gestellt, das das Göttliche in sich aufnehmen kann. Sie haben ein Wesen geschaffen, dem es in ur-urferner Zukunft, von der die meisten Menschen sich keine Vorstellung zu machen vermögen, möglich, ja geradezu vorbestimmt ist, selbst ein schöpferisches, selbstbewusstes, freies, göttlich-geistiges Wesen werden zu können. Das ist das Geheimnis des Werdens, dass jedes Wesen emporsteigen kann von einem, das nur aus der göttlichen Gnade empfängt, zu einem, das selbst produktiv werden kann, das selbst schöpferisch tätig werden kann.

Bis zu einem bestimmten Punkt, der schon viele Jahrtausende zurückliegt, haben die Götter den Menschen noch geführt und ihm alles geschenkt, wessen er zu seiner Entwicklung bedurfte. Diese Führung mussten die Götter mehr und mehr lockern, damit der Mensch eines Tages zur wahren Freiheit gelangen kann. Heute ist er erst auf dem Weg dahin. Seitdem ist es die vornehmste Aufgabe eines jeden Menschen, über einen sehr, sehr langen Zeitraum, der sich über viele Erdenleben erstreckt, seine geistig-seelische Entwicklung selbst in die Hand zu nehmen und mit heiligem Ernst und in völliger Selbstbewusstheit und Freiheit voranzutreiben, um das Menschheitsziel, ein schöpferisches göttlich-geistiges Wesen zu werden, eines ur-urfernen Tages erreichen zu können. **»Der Mensch ist Götter-Ideal und Götter-Ziel. Aber dieses Hinblicken kann nicht der Quell von Überhebung und Hochmut beim Menschen sein. Denn er darf sich ja nur, als von ihm kommend, zurechnen, was er in den Erdenleben mit Selbstbewusstsein aus sich gemacht hat.«**[8]

Jedem Menschen ist es in Aussicht gestellt, das skizzierte Entwicklungsziel erreichen zu können. Dazu ist es notwendig, dass er alle Erfahrungsschätze sammelt, die man *nur auf der Erde* sammeln kann. Alles, was unsere materielle Welt an Möglichkeiten bietet, muss von ihm aufgenommen und durchlebt werden. Dazu gehören natürlich auch die sehr unangenehmen Erfahrungen sowie die Gefahr, Fehler zu begehen und sündig zu werden. Die Sünde muss der Mensch eines Tages gänzlich überwinden.

Bedenken Sie, wie unterschiedlich die Erfahrungen waren, die etwa ein Steinzeitmensch machen konnte, von denen, die ein Mensch heute machen kann. Wie verschieden war das, was die Seele eines alten Ägypters durchziehen konnte, von dem, was etwa eine Seele, die im Mittelalter lebte, erleben konnte. Das, was ein heutiger moderner Mensch an Impulsen aufnehmen kann, ist wiederum völlig verschieden von dem, was man im Mittelalter lernen konnte. Selbst das, was ein heutiger Mitteleuropäer erleben und erfahren sowie an Erkenntnissen aufnehmen kann, unterscheidet sich in vielerlei Hinsicht sehr stark von dem, was etwa einem Inder oder Araber möglich ist. Auch vieles von dem, was man als Mann erfahren kann, ist völlig anders, als wenn man sich als Frau inkarniert hätte. Wenn man diesen Gedanken ernst nimmt, wird klar, dass ein oder auch nur wenige Erdenleben niemals ausreichen könnten, um diese notwendigen Erfahrungen sammeln und die unterschiedlichen Lernprozesse durchmachen zu können. Dieses Ziel kann nur erreicht werden, wenn jeder Mensch sich viele, viele Male auf der Erde inkarniert.

Wenn hier gesagt wurde, dass der Mensch in jedem Erdenleben etwas »lernen« müsse, so ist damit nicht – oder zumindest nicht nur – der Erwerb oder gar das Anhäufen von Wissen über die äußere, materielle Welt gemeint. Es geht also nicht etwa darum, ein Gelehrter zu werden. Was aber ganz wesentlich zu diesem »lernen« gehört, ist, dass der Mensch bestrebt ist, die spirituellen Erkenntnisse und Lehren der großen Eingeweihten und Geisteslehrer des jeweiligen Zeitalters, die man gewissermaßen als Sendboten der geistigen Welt bezeichnen kann, aufzunehmen und diese in sein ganz alltägliches Leben zu integrieren. Auch wenn die großen »kosmischen Wahrheiten« ewig gültig sind, so müssen diese doch den Menschen unterschiedlicher Epochen und Kulturen auf jeweils andere Art und Weise mitgeteilt werden. Für die Gegenwart – und auch noch für die nächsten Jahrhunderte – ist es die Anthroposophie Rudolf Steiners, die den Menschen die geistigen Erkenntnisse in einer zeitgerechten Form, die mit den Seelenkräften der heutigen Menschheit rechnet, schenkt.

Die aufeinanderfolgenden Erdenleben könnte man – um ein plakatives und vielleicht etwas banales Beispiel anzuführen – mit aufeinanderfolgenden Schulklassen vergleichen. In jeder Klasse muss der Schüler etwas Neues lernen. Er muss seine Kenntnisse, Fähigkeiten und Erfahrungen erweitern. Das kann er nur dann schaffen, wenn er in der jeweils vorigen Klasse das Ziel erreicht hat. So kann der Schüler, während er die einzelnen Klassenstufen durchläuft, immer reifer und vollkommener werden.

Ähnlich ist es auch mit den verschiedenen Erdenleben. In jeder Inkarnation muss der Mensch etwas Neues lernen, neue Erfahrungen sammeln, die ihn reifen lassen. Die menschliche Individualität bzw. die Seele kann in jedem Erdenleben besser, reifer, vollkommener werden und dadurch immer höher steigen. Sie kann mehr und mehr bemüht sein, moralischen Idealen nachzustreben und den Egoismus zu überwinden.

Karma – das kosmische Schicksalsgesetz

Die Lehre von den wiederholten Erdenleben, also das Gesetz der Reinkarnation, ist im Grunde noch recht einfach zu verstehen. Das Karmagesetz erschließt sich dem Verständnis jedoch nicht ganz so leicht, da es sich hierbei um ein sehr vielschichtiges und äußerst komplexes kosmisches Gesetz handelt, das wir nun in aller Kürze skizzieren wollen.

Reinkarnation und Karma sind in engster Weise miteinander verknüpft. Die Karmalehre könnte man als die ›Zwillingslehre‹ der Reinkarnationslehre bezeichnen.

Auch wenn der Mensch heute, während er auf der Erde lebt, nichts mehr von seinem letzten Erdenaufenthalt weiß, muss es ja wohl einen gewissen *kausalen Zusammenhang* geben zwischen dem, was er im letzten Leben gemacht hat, und dem, was jetzt auf ihn zukommt, was er jetzt erlebt und erfährt. Wenn man den Gedanken der Entwicklung, die sich über viele Inkarnationen erstreckt, berücksichtigt, ist doch wohl nicht zu erwarten, dass etwas, was wir in einem früheren Leben gemacht oder gedacht haben, so gar keine Auswirkungen auf unser heutiges Leben haben könnte. Goethe wäre nicht der große, berühmte Denker und Dichter geworden, wenn er in seinen früheren Verkörperungen nicht die dazu notwendigen Voraussetzungen geschaffen hätte. Keiner von uns, der gewisse Begabungen, Talente oder Fähigkeiten im Erdenleben zeigt, würde über diese verfügen, wenn er sie nicht aus früheren Inkarnationen mitgebracht hätte, wenn sie nicht dort sowie auch im anschließenden nachtodlichen Leben keimartig veranlagt worden wären. Damit sind wir beim Begriff »Karma«. Ohne das Gesetz vom Karma würden die wiederholten Erdenleben *nicht* zum angedachten Ziel führen können, ja sie wären sogar ziemlich sinnlos.

Doch was versteht man eigentlich unter Karma? Manche setzen dieses Wort mit »Schuld«, andere mit »Schicksal« gleich. »Karma« kommt aus dem Sanskrit und muss wörtlich mit »Tun« oder »Machen« übersetzt werden. Wichtig und richtig ist, dass Karma sowohl mit »Schuld« als auch mit »Schicksal« als auch mit »Tun« bzw. »Machen« zu tun hat.

Karma ist das große *»kosmische Gesetz von Ursache und Wirkung«* für die geistige Welt, wie die Mechanik das Gesetz von Ursache und Wirkung in der Erdenwelt ist. Es äußert sich in bestimmten Wirkungen, die uns Menschen widerfahren und deren Ursachen in unseren Taten oder Verhaltensweisen aus einem früheren Leben liegen. **»Wenn Sie geistige Erscheinungen haben, müssen Sie ebenso nach den geistigen Ursachen fragen.**

Und wie nahe liegen uns die geistigen Tatsachen! Der eine ist ein Mensch, den wir einen glücklichen nennen, ein anderer ist sein ganzes Leben hindurch zum Unglück verurteilt. Was wir Menschenschicksal nennen, schließt sich in die Frage ein: Warum ist dieses und jenes? Vor diesem Warum steht die ganze äußere Wissenschaft vollständig ratlos da, weil sie ihr Gesetz von Ursache und Wirkung nicht anzuwenden weiß auf die geistigen Erscheinungen.«[9]

Wenn ein Mensch durch die Geburt ins physische Dasein schreitet, so betritt er den irdischen Schauplatz *nicht* als ein ›unbeschriebenes Blatt‹. Vielmehr bringt er alle seine Erfahrungsschätze, die er in früheren Inkarnationen gesammelt hat, sowie sein ganz individuelles Karma bzw. Schicksal mit. Die Kernaussage des Karmagesetzes ist, dass alles, was ein Mensch in seinem gegenwärtigen Leben kann, macht und erlebt, nicht als ein abgesondertes Wunder zu betrachten ist, sondern als Folge mit der Daseinsform seiner Seele in früheren sowie als Ursache mit folgenden Leben zusammenhängt. Das macht einen ganz wesentlichen Unterschied zwischen Tier und Mensch aus. Einen Menschen kann man in all seinen Eigenarten und Fähigkeiten erst dann verstehen, wenn man seine individuelle Entwicklung berücksichtigt, die sich schon über viele Inkarnationen erstreckt.

Dieses Schicksal, das der Mensch mit in sein Erdenleben bringt, hat er in seinem vorigen Leben selbst zubereitet und in seinem vorgeburtlichen Leben in der geistigen Welt weitgehend selbst gewählt! In dieser Zeit war er noch ungleich weiser, als er es im Erdenleben jemals sein könnte. Wenn der Mensch wieder im Erdensein ist, wirkt in seiner Seele der Drang, dieses selbst gewählte Schicksal zu leben bzw. zu erfüllen.

Wann immer wir in unserem Erdenleben etwas erleben, was unter Umständen sehr unangenehm oder gar leidvoll sein kann, so kommt das nicht grundlos auf uns zu. Vielmehr ist es die Wirkung bzw. Folge ganz bestimmter Taten aus unserem früheren Leben. Alles, mit dem wir uns in diesem Leben an unseren Mitmenschen verschulden, müssen wir in einer der folgenden Inkarnationen wieder gutmachen, wieder ausgleichen. Die Tatsache, dass wir in vielen Leben *weitgehend* immer wieder mit denselben menschlichen Individualitäten zusammenkommen, stellt geradezu eine karmische Notwendigkeit dar. In jedem Leben verschulden wir uns in irgendeiner Form an unseren Mitmenschen. Auch unsere Mitmenschen bleiben uns in jedem Leben vieles schuldig. Wer von uns hätte, als ein naher Verwandter oder Freund gestorben ist, nicht schon einmal das

Gefühl gehabt, dass zwischen ihm und uns noch etwas Wichtiges unausgesprochen, dass noch eine ›Rechnung‹ offen geblieben wäre! Es muss sich hierbei keineswegs immer um eine gewichtige Verschuldung oder Verfehlung handeln, die jedem sofort als solche deutlich werden müsste. Es kann sich etwa um die Einsicht handeln, dass wir dem anderen nicht genügend Aufmerksamkeit und Zuneigung geschenkt haben oder dass wir ihn nicht genügend unterstützt und gefördert haben. Eine Verschuldung gehen wir nicht nur dadurch ein, dass wir Handlungen *begehen*, die einem anderen schaden, sondern viel häufiger dadurch, dass wir Handlungen *unterlassen*, die einen anderen fördern könnten. Dieses Schuldigwerden erfordert, dass wir in einem nächsten Leben die Möglichkeit bekommen, für einen Ausgleich zu sorgen. Die Verschuldungen, die wir einer Individualität gegenüber aufweisen, können wir auch nur im *irdischen* Zusammenleben mit dieser wieder gutmachen. Je enger wir mit einem Menschen zusammenleben, desto größer sind die Möglichkeiten, ihm gegenüber schuldig zu werden oder ihm seine Schulden ›zurückzuzahlen‹. Somit ist es der absolute Normalfall, dass wir unsere Eltern, Geschwister, Ehepartner, Kinder und guten Freunde bereits aus vielen Leben ›kennen‹ und noch in vielen weiteren Leben treffen werden. Das heißt natürlich nicht, dass wir in früheren oder zukünftigen Leben mit diesen Individualitäten wieder in der gleichen Beziehung stünden. So wäre es etwa möglich, dass diejenige Individualität, die im jetzigen Leben unser Vater ist, in einem folgenden Leben vielleicht unsere Tochter, unser Ehepartner, unser Arbeitskollege, unser Freund oder unser Nachbar wird.

Wenn einen Menschen ein sehr schlimmes Schicksal – sagen wir etwa eine schwere Behinderung – ereilt, so muss es sich dabei übrigens nicht unbedingt um die Folge einer wie auch immer gearteten Verschuldung aus einem früheren Leben handeln. Es kann auch möglich sein, dass die Behinderung *keine karmische Wirkung*, die durch irgendein Verhalten in einem vorigen Leben hervorgerufen wurde, darstellt, sondern eine karmische *Ursache*. Diese neue, karmisch unverursachte, aus freiem Willen entsprungene ›Tat‹ stellt dann karmisch gesehen eine neue, *erste* Ursache dar. Diese wird dann in einem weiteren Leben natürlich eine karmische Wirkung nach sich ziehen. **»Das Karmagesetz wirkt unbedingt überall; aber man darf nicht glauben, dass man überall bloß Wirkungen hat, zu denen die Ursachen in der Vergangenheit liegen; ebenso kann man es mit Ursachen zu tun haben, deren Wirkungen in der Zukunft liegen werden.«**[10]

Nun kann sich ein heutiger Durchschnittsmensch nicht daran erinnern, dass er schon einmal auf der Erde verkörpert war. Somit hat er auch keine

Ahnung davon, was er dort alles getrieben hat. Auch hat er keine bewusste Erinnerung daran, was er sich vor seiner Geburt in der geistigen Welt vorgenommen hat. Insbesondere weiß er nicht, welchen Menschen er wieder begegnen muss. Wie können wir etwas aufgreifen, weiterpflegen, vollenden, das wir in früheren Leben in Angriff genommen haben, wenn wir daran keine Erinnerung mehr haben? Die derzeitigen menschlichen Seelenkräfte sind noch nicht stark genug, um diese Erinnerungen abrufen zu können. Den ›roten Faden‹, der unsere Erfahrungen und Erinnerungen aus früheren Verkörperungen zusammenhält und zu einem sinnvollen Ganzen verbindet, vermögen wir heute noch nicht zu spinnen.

Es wäre jetzt ein Desaster, wenn *niemand* diesen Faden zu spinnen vermöchte. Da haben aber die Weltenlenker Vorsorge getroffen. Im Christentum und vielen anderen Religionen kennt man den Begriff »*Schutzengel*«, den man auch »*persönlicher Schutzgeist*« oder »*Genius*« nennen könnte. Leider wird dieser heute selbst in christlichen Kreisen entweder gar nicht ernst genommen oder sehr stark trivialisiert und verniedlicht. Es ist in der Tat so, dass jeder menschlichen Individualität ein Wesen aus dem Reich der *Engel* zugeordnet ist. Das Reich der Engel bildet die dritte Stufe der dritten Hierarchie der höheren Geistwesen (☞ auch Anhang, S. 83ff.) und steht eine Stufe über dem Menschenreich, genau wie das Reich der Menschen eine Stufe über dem Tierreich steht. Die Engelwesen leben als Geistwesen in der geistigen Welt und arbeiten am Weltensein mit. Ihre Aufgaben sind sehr vielfältig. Zu diesen gehört, dass sie damit betraut sind, die menschlichen Individualitäten zu führen. Das geschieht natürlich in sehr zarter und subtiler Weise, so dass die meisten Menschen sich dieser Führung nicht bewusst werden. Es ist dieser persönliche Engel, der einer Menschenseele schon bei ihrer allerersten Inkarnation an die Seite gestellt wurde, der diesen Faden spinnt und somit den Zusammenhang der einzelnen Inkarnationen festhält. Die Engel haben ein inkarnations-übergreifendes Bewusstsein, so dass sie die ihnen anvertrauten menschlichen Individualitäten, über die sie ein ›wachendes Auge‹ haben, von Inkarnation zu Inkarnation leiten können, so dass diese mit den richtigen Menschen zusammenkommen und vor Ungemach, das *nicht* in ihrem Schicksal liegt, bewahrt werden können. Friedrich Schiller kleidete diese Wahrheit in die Worte: »*Es führt das Schicksal an verborgnem Band den Menschen auf geheimnisvollen Pfaden. Doch über ihm wacht eine Götterhand, und wunderbar entwirret sich der Faden.*«

Unser Engel kennt uns sehr viel besser, als wir uns selbst kennen. Er weiß *alles* über uns. Er kennt auch unser wahres Potential, das wir ausschöpfen können – sei es schon in diesem oder auch erst in einem folgenden Erden-leben.

* * * * * * * * * * *

Das Reinkarnations- und Karmagesetz gehören zu den wichtigsten kos-mischen Gesetzen, ohne die man viele geistige Tatsachen niemals verste-hen könnte. Insbesondere könnte man – wie bereits erwähnt – nicht zu richtigen Vorstellungen über das nachtodliche Leben des Menschen sowie über den ganzen Sinn der menschlichen Existenz gelangen, wenn man diese nicht berücksichtigen würde.

Es dürfte heute in der zivilisierten Welt kaum noch einen Menschen ge-ben, der nicht zumindest eine *grobe* Vorstellung davon hat, was man als »Reinkarnation« bezeichnet. Es hat den Anschein, dass immer mehr Men-schen die wiederholten Erdenleben als eine Wahrheit anerkennen. Gemäß *verschiedener* Meinungsumfragen aus den letzten Jahren glauben immer-hin 27 bis 43 Prozent der Menschen in der Bundesrepublik Deutschland an die Reinkarnation. Selbst unter den gläubigen Christen sind es erstaun-liche 17 bis 26 Prozent, die eine Wiedergeburt für wahrscheinlich halten. Unter den Jugendlichen sind es sogar deutlich über 50 Prozent, die von der Wiedergeburt ausgehen.

Die Erkenntnis, dass die Reinkarnation des Menschen eine Weltentatsache ist, lässt sich nicht mehr lange verborgen halten. Sie wird immer mehr um sich greifen. Unter den Jugendlichen und jungen Erwachsenen unseres Landes ist es schon heute eine Mehrheit, welche die wiederholten Erden-leben zumindest für wahrscheinlich hält, wenngleich viele damit noch recht phantastische Vorstellungen verknüpfen. Sofern der Materialismus sich nicht noch mehr in die Seelen der Menschen frisst, darf man wohl die Prognose wagen, dass es nicht mehr allzu lange dauern dürfte, bis eine Generation herangewachsen sein wird, welche die heutigen Menschen, die mehrheitlich immer noch nicht an die Reinkarnation glauben, so belächeln wird, wie wir die Menschen früherer Tage belächeln, welche die Erde für eine Scheibe hielten.

Das Wesen des Menschen

Das empfindende, denkende und
wollende Wesen in uns,
was wir Menschen,
sobald wir zum Bewusstsein unserer selbst gelangen,
mit dem Worte Ich bezeichnen,
das Ich ist seiner Natur nach unkörperlich,
folglich unaufhörlich und unvergänglich
und wird auch durch die Trennung vom Leibe,
seinem vormaligen sichtbaren Repräsentanten
und Lebensgehilfen in der Sinnenwelt,
in seiner eigenen Art zu leben und zu sein,
nicht unterbrochen.

Christoph Martin Wieland

V ieles von dem, was ein Mensch nach seinem Tod in den übersinnlichen Welten erleben und erfahren wird, müsste unverständlich bleiben, wenn wir uns zuvor nicht ein wenig damit befassen, was den heutigen Menschen – so wie er auf der Erde wandelt – ›ausmacht‹. Viele Schilderungen über den nachtodlichen Weg des Menschen müssten wie Phantastereien anmuten, wenn man nicht wüsste, wo im Menschen etwa die Begierden, Triebe und Leidenschaften ihren Sitz haben, wer oder was der Träger des Gedächtnisses bzw. der Erinnerungen ist, was vom Menschen unsterblich ist usw.

Etliche Menschen, die an der Reinkarnationsidee, also an der Lehre von den wiederholten Erdenleben, und vielleicht sogar an der nachtodlichen Existenz des Menschen zweifeln, stellen sich die absolut berechtigten Fragen: Was am oder im Menschen könnte überhaupt *unsterblich* sein? Welche *genaue* ›Instanz‹ im Menschen ist es, die den Tod überdauert und durch die vielen Erdenleben schreiten könnte? Bisher haben wir diese Instanz mit dem im Christentum üblichen Begriff »Seele« bezeichnet, was aber – wie wir noch sehen werden – streng genommen *nicht ganz* korrekt ist. Auch könnte man sich die Frage vorlegen, was den Menschen eigentlich von den höheren Säugetieren unterscheidet.

Nach allem, was wir bisher schon erörtert haben, dürfte klar sein, dass unsere Naturwissenschaftler und Psychologen es nicht schaffen, uns da zu klaren Vorstellungen zu bringen. In den meisten okkulten und spirituellen

Gruppierungen ist zu diesen Themen ein großes Wissen vorhanden. Der Grundtenor der verschiedenen Lehren ist *einigermaßen* einheitlich. Allerdings werden die *»Wesensglieder«* – man könnte auch von *»Prinzipien«* sprechen –, die ein Mensch besitzt und die wir im Folgenden erläutern werden, häufig mit unterschiedlichen Namen bezeichnet. Wir wollen uns hier an die Terminologie der Geisteswissenschaft Rudolf Steiners halten.

Der physische Leib

Der Mensch, so wie er heute auf dem physischen Plan vor uns steht, besitzt zunächst einmal seinen *»physischen Leib«*, den man auch *»stofflich-mineralischen Leib«* nennen könnte. Das ist derjenige Körper, den wir mit unseren Sinnen wahrnehmen können und den die Wissenschaft bereits in einem hohen Maße erforscht hat und erklären kann. Dieses Wesensglied ist das einzige, das sich der sinnlichen Anschauung unverhüllt zeigt. Einen solchen materiellen Leib haben auch die Tiere, die Pflanzen und die Mineralien. Wie man am Beispiel der Menschen, Tiere und Pflanzen sieht, kann ein solcher Leib *belebt* sein. Sobald aus einem solchen Leib das Leben weicht, ist dieser dazu verurteilt, zu verfallen. Die physischen Leiber von verstorbenen Menschen oder Tieren verlieren ihre charakteristische Form und zerfallen wieder in diejenigen Stoffe, aus denen sie gebildet worden sind; sie verwesen. Das gleiche Schicksal ereilt auch eine abgestorbene Pflanze, die nach einiger Zeit verrottet. Nur Mineralien kann man *weitestgehend* kennen, indem man nur das Physische beobachtet und studiert.

Zeitgenossen, die der materialistischen Weltanschauung anheimgefallen sind, identifizieren ihr Wesen ganz mit ihrem Körper, ihrem physischen Leib. Diesen betrachten sie als ihr *einziges* Wesensglied. So ist es auch immer noch wissenschaftlicher Konsens, dass das menschliche Bewusstsein durch das Gehirn hervorgebracht werde und dass es ohne dieses gar kein Bewusstsein geben könne.

Dieser physische Leib des Menschen ist fürwahr ein absolut großartiges Wunderwerk. Wenn man etwa an den vollkommenen Bau sowie die wunderbaren Funktionen des Herzens oder des Gehirns denkt, wird keiner bestreiten, dass es sich hierbei um ganz außergewöhnlich vollkommene und verehrungswürdige Organe handelt.

Dennoch ist dieser wunderbare Leib – wie jeder weiß – sterblich. Nach dem Tode löst er sich durch Verbrennung oder Verwesung wieder in diejenigen chemischen Bestandteile auf, aus denen er gebildet wurde. Ein Materialist, der ja der Auffassung ist, dass das menschliche Wesen mit seinem physischen Leib erschöpft sei, denkt somit absolut folgerichtig! Wenn dieser stofflich-mineralische Leib alles *wäre*, was den Menschen ausmacht, wenn er sein *einziges* Wesensglied *wäre*, dann wäre es ein Unsinn, von einem Leben nach dem Tod oder gar von Reinkarnation zu sprechen, da dieser Leib nach dem Tode verwest und letztlich ganz verschwindet! Aber wie wir im Folgenden sehen werden, ist die Annahme, dass das menschliche Wesen mit seinem physischen Leib erschöpft sei, ein gewaltiger Irrtum!

Vom ›wahren‹ Menschen kennt man nur sehr wenig, wenn man ausschließlich seinen physischen Leib seziert und erforscht, wie das die Wissenschaftler machen. Um einen plakativen Vergleich zu wählen, könnte man sagen, dass man, wenn man nur diesen Leib betrachtet, so wenig vom *wahren* Menschen kennt, wie man von einem Eisberg kennt, wenn man nur die Spitze, die aus dem Meer ragt, betrachtet. Um verstehen zu können, *was* am Menschen unsterblich ist, also den Tod überdauert und durch die wiederholten Erdenleben schreitet, müssen wir wissen, was den Menschen in seiner *gesamten Wesenheit* wirklich ausmacht. Der Mensch ist nämlich *kein* reines »Körperwesen«; er ist *kein* »*ein*gliedriges« Wesen.

Der Ätherleib

Man könnte sich ja beispielsweise einmal fragen, warum Menschen, Tiere und Pflanzen im Gegensatz zu den Mineralien *Lebe*wesen sind, warum sie wachsen und zur Fortpflanzung bzw. Vermehrung fähig sind. Die dazu benötigten *ursächlichen* Kräfte sind gewiss nicht in dem physischen Leib zu finden, denn über einen solchen verfügen die Mineralien auch.

Nun besitzt der Mensch neben seinem physischen Leib zunächst noch einen »*Ätherleib*«, den man auch »*Lebensleib*« oder »*Bildekräfteleib*« nennt. Der Ätherleib ist das unterste übersinnliche Wesensglied. Ohne diesen ätherischen Leib könnte in dem stofflich-mineralischen Leib kein *Leben* sein. Somit haben nicht nur Menschen, sondern alle *Lebewesen*, also auch Pflanzen und Tiere, einen solchen Leib.

Der Ätherleib ist gewissermaßen der ›Aufbauer‹ oder der ›Architekt‹ des physischen Leibes, der sich aus dem ätherischen herauskristallisiert. Der physische Mensch ist nach Maßgabe seines Ätherleibes gebildet. Dieser Leib enthält die *wirkenden* Kräfte, die jedes Lebewesen bis in seine

Zellstruktur beleben und gestalten. Der Ätherleib regt alle Lebensfunktionen des physischen Leibes an, das heißt, er beschützt die Substanz des physischen Leibes dauernd vor dem Zerfall und regelt den Aufbau dieser Substanz. Er ist der Träger der Wachstums- und Fortpflanzungskräfte und insbesondere auch der des Gedächtnisses. Im Laufe der Entwicklung wird dieses ›Gewebe‹ von Erinnerungen und Urteilen zur Grundlage von Temperamenten, Gewohnheiten, Neigungen sowie des Charakters und des Gewissens.

Beim *heutigen* erwachsenen Menschen hat der Ätherleib etwa die gleiche Form wie der physische Leib, den er allerdings an allen Seiten ein wenig überragt. Daher bezeichnete Rudolf Steiner ihn auch als *»Doppelgänger«* des physischen Leibes, in dem die verschiedenen Kraftgestalten des physischen Leibes zu erkennen sind. Der ätherische Leib ist durchaus ähnlich organisiert wie der physische, nur sehr viel komplizierter. Er ist nicht nur mit feinen Äderchen und Strömungen durchzogen, sondern er hat auch Organe. Jedem physischen Organ ist ein entsprechendes Ätherorgan zugeordnet, das dieses gestaltet und erhält. So kann man etwa von einem *»Ätherherzen«*, einem *»Äthergehirn«*, einer *»Ätherlunge«* usw. sprechen. Der Ätherleib weist auch Gliedmaßen auf, also beispielsweise *»Ätherarme«*, *»Ätherhände«*, *»Ätherfinger«* und so fort.

Dem Blick eines Hellsehers stellt sich der menschliche Ätherleib als innerlich leuchtendes, durchscheinendes, aber nicht ganz durchsichtiges *»Kraftgebilde«* dar. Bei einem gesunden Menschen hat er die Farbe der jungen Pfirsichblüte. Es glänzt und glitzert alles an diesem Lichtleib in den unterschiedlichsten Farbschattierungen und Helligkeitsgraden.

Es ist ja nicht verwunderlich, dass die Wissenschaft so verhältnismäßig wenig über das Gedächtnis weiß, da sie seinen Sitz im *physischen* Gehirn sucht. Dieses Gehirn ist für den Menschen aber nur in der *physischen* Welt – also solange er im Erdenleben weilt – vonnöten, damit etwas Erinnertes, also aus dem ätherischen Gehirn Heraufgeholtes, zum Bewusstseinsinhalt werden kann. Das physische Gehirn ist nicht mehr, aber auch nicht weniger als ein Werkzeug bzw. ein ›Spiegelungsapparat‹. Zu Lebzeiten wird der ätherische Leib mit seinen Gedächtniskräften sehr stark vom physischen Leib eingeschränkt. Um etwas Erinnertes freigeben zu können, ist er auf die vermittelnden Dienste des physischen Organismus angewiesen. Die Erinnerungen sind zwar ganz wesentlich im Äthergehirn konzentriert, sie erstrecken sich im Grunde aber auf den gesamten ätherischen Leib.

Wenn das physische Gehirn einen Schaden hat – wie das etwa bei einer Demenzerkrankung der Fall ist –, so ist es kein reiner Spiegel mehr, so dass es viele Erinnerungen aus dem Ätherleib nicht mehr spiegeln und somit auch nicht zum Bewusstsein bringen kann. Das, woran sich ein Mensch in seinem Erdenleben – zumindest einigermaßen – zu erinnern vermag, bildet nur eine verschwindend geringe Teilmenge aller im Ätherleib aufbewahrten Erinnerungen. Der ätherische Leib ist ein treuer Bewahrer von *allem*, was der Mensch jemals erlebt hat. Auch solche Ereignisse bzw. Erlebnisse, die nie die Bewusstseinsschwelle überschritten haben, an die sich der Mensch also im Erdenleben niemals erinnern könnte, sind hier einverwoben.

Wenn der Mensch durch die Geburt ins physische Dasein schreitet, so hat sein *neuer* Ätherleib noch die Resultate dessen, wie er in seiner früheren Inkarnation gelebt hat. Da dieser ätherische Leib der Aufbauer der neuen physischen Organisation ist, prägt sich das jetzt alles auch in den physischen Leib ein.

Der Ätherleib bleibt während einer irdischen Inkarnation *immer*, auch im Schlafe, mit dem physischen Leib verbunden. Erst im Augenblick des Todes trennt er sich von diesem ab. Man könnte auch sagen, dass der ätherische Leib den physischen *entlässt*. Sofort weicht aus letzterem das Leben, er wird zum Leichnam.

Wie wir noch sehen werden, legt der Mensch wenige Tage nach dem Tod auch den weitaus größten Teil des ätherischen Leibes ab. Nur einen eher kleinen Teil nimmt er als unvergängliche Essenz auf seinen weiteren nachtodlichen Weg sowie ins nächste Erdenleben mit.

Der Astralleib

Man könnte jetzt weiter fragen, warum Menschen und Tiere im Gegensatz zu Pflanzen oder gar Mineralien Gefühle, Empfindungen, Begierden und Triebe haben. Diese können offensichtlich weder im physischen noch im ätherischen Leib gefunden werden, denn einen solchen haben die Pflanzen auch.

Der Mensch besitzt über den physischen und ätherischen Leib hinaus noch ein weiteres immaterielles Wesensglied, das die ätherische Hülle umschließt: den sogenannten »*Astralleib*«, »*Empfindungsleib*« oder »*Seelenleib*«, der von manchen Esoterikern auch als »*Emotionalkörper*« bezeichnet wird. Innerhalb dieses Leibes erscheint das *Eigenleben* des Menschen. Es drückt sich dadurch aus, dass dieser Lust oder Unlust, Freude oder Schmerz usw. erlebt.

Der Astralleib ist der Träger von Gefühlen, Begierden, Trieben, Wünschen, Leidenschaften und dergleichen. Durch ihn werden Sympathien und Antipathien erregt. Die Fähigkeit, solche Empfindungen zu erleben, teilt der Mensch nur mit den Tieren, die auch einen solchen übersinnlichen Leib besitzen. Auch hier ist es natürlich wieder so, dass der Mensch, solange er auf der Erde verkörpert ist, des Nervensystems bedarf, damit er etwa Schmerzen empfinden kann.

Der astralische Leib ist auch der Träger des sogenannten Unterbewusstseins, das man auch *»astralisches Bewusstsein«* nennt und das nicht mit dem Selbstbewusstsein verwechselt werden darf. Das astralische Bewusstsein ist ungleich weiser als unser Tages- oder Oberbewusstsein.

Einem Geistesseher zeigt sich das Bild des Astralleibes als eine Art ›Lichtwolke‹, die sogenannte *»Aura«*, die den physischen und ätherischen Leib umhüllt und den Kopf etwa um zwei bis drei Kopflängen überragt. Diese eiförmige Aura glänzt in den unterschiedlichsten Farben, je nach den jeweiligen Begierden, Trieben usw. Auch der Astralleib ist im Prinzip ähnlich organisiert wie der physische und der ätherische Leib.

Der Astralleib löst sich im Schlafe aus seiner Organisation mit den beiden übrigen Leibern. Dann gehört es unter anderem zu seinen Aufgaben, den physischen Leib zu erfrischen und Abnutzungserscheinungen auszugleichen.

Der Mensch verliert nach dem Tod seinen Astralleib zunächst nicht. Im Durchschnittsfall legt er erst einige Jahrzehnte, nachdem er durch die Pforte des Todes gegangen ist, den größten Teil seines astralischen Leibes ab. Nur einen gewissen Extrakt nimmt er als Frucht seines Lebens mit auf seinen weiteren Weg durch die höheren Welten.

Die Frage, was vom Menschen unsterblich ist, was ihm in der gesamten Zeit seines nachtodlichen Lebens von seinem Wesensgefüge bleibt und durch die vielen Erdenleben schreitet, steht immer noch im Raum. Der physische Leib löst sich nach dem Tod völlig in der Erdenwelt auf, und von den beiden anderen Leibern nimmt der Mensch nur einen gewissen Teil als unvergängliche Essenz mit auf seinen weiteren Weg. Hätte der Mensch nur *diese drei* Wesensglieder, so wäre es immer noch unsinnig, wenn man sagen würde, dass er unsterblich sei und ewig existiere.

Das Ich bzw. der Ich-Leib

Nun besitzt aber der Mensch in der Tat noch ein viertes Wesensglied, das ihn *weit* über das Tierreich erhebt: Das *»Ich«* bzw. den *»Ich-Leib«*. Hätte der Mensch nicht dieses Ich, so hätten die ›Jünger‹ Darwins recht; dann wäre er nur ein hochentwickelter Affe.

Dieses Wesensglied, das sich einem Hellseher als bläuliche Hohlkugel im Stirnbereich zwischen den Augen zeigt, ist genau wie der Astralleib ein Bewusstseinsträger. Dieses an das Ich gekoppelte Bewusstsein, das *»Ich-Bewusstsein«* oder *»Selbst-Bewusstsein«*, leuchtet im Erdendasein eines Menschen etwa im dritten Lebensjahr erstmals auf. Ab diesem Zeitpunkt kann sich ein Kind seelisch als ein *»Ich«* bezeichnen. Es wird fähig, dieses Wort richtig zu verwenden. Es wird dann nicht mehr sagen *»Maxi möchte einen Keks«*, sondern *»Ich möchte einen Keks«*. Die übliche Erinnerung, die ein Mensch in seinem *Erden*leben hat, reicht *höchstens* bis zu diesem Ereignis zurück. Dieses Ich-Bewusstsein ist – zumindest wenn man von den Phasen, in denen der Mensch wacht, absieht – völlig unabhängig vom physischen Leib und somit auch nicht an das Gehirn gebunden. Es ist das entscheidende Bewusstsein, das er in der gesamten Zeit zwischen Tod und neuer Geburt hat.

Das Ich ermöglicht es dem Menschen, sich als eigenständiges und seiner selbst bewusstes Wesen erkennen und von seinen Mitmenschen und seiner Umgebung abgrenzen zu können. Jeder Mensch kann sich selbst als ein *»Ich bin«* wahrnehmen. Das Ich, das man auch als *»Selbst«* bezeichnen könnte, erlaubt ihm, sich über seine bloßen Gefühle und Triebe hinaus selbst zu bestimmen. Dadurch kann er dazu kommen, ordnende Begriffe und Gedanken zu bilden. Das Ich macht es dem Menschen möglich, aus eigenem Antrieb heraus tätig zu werden und moralischen Idealen nachzustreben, anstatt nur blind seinen Trieben zu folgen, wie es bei den Tieren der Normalfall ist.

Nicht einmal ein krasser Materialist kann leugnen, dass es im Menschen eine ›Instanz‹ gibt, die über diejenigen Fähigkeiten verfügt, die wir dem Ich zuschreiben müssen. Allerdings wird er heftig bestreiten, dass es sich dabei um etwas Eigenständiges, Immaterielles handele. Vielmehr wird er diese Fähigkeiten auf irgendwelche Gehirnfunktionen zurückführen. Wenn ein solcher ehrlich und konsequent wäre, dürfte er aber auch nicht sagen: *»Ich denke.«* Stattdessen müsste er eigentlich sagen: *»Mein Gehirn denkt.«*

Dieses Ich ist nichts Geringeres als der »geistig-seelische Wesenskern« des Menschen, der als »göttlicher Funke« in ihm lebt. **»Wir müssen uns klar sein, dass wir zunächst in uns haben den geistig-seelischen Wesenskern, den wir zusammenfassen in seinem Mittelpunkt, wenn wir ›Ich‹ oder ›Ich bin‹ sagen. Dieser geistig-seelische Wesenskern ist eingebettet in den Astral-, Äther- und physischen Leib. So wie der Mensch jetzt in der Welt lebt, leben wir eigentlich, wenn wir innerlich leben, in unserem Ich; denn alle Seelentätigkeiten sind bei dem wachen Menschen mit dem Ich in irgendeiner Weise verknüpft, erscheinen gleichsam alle auf dem Hintergrunde des Ich.«**[11]

Während die drei unteren Wesensglieder, physischer Leib, Ätherleib und Astralleib, bereits in einer urfernen Vergangenheit, von der die Wissenschaftler nicht einmal zu träumen wagen und von der auch in den religiösen Urkunden nichts zu finden ist, von den göttlich-geistigen Wesen der höheren Hierarchien (☞ Anhang, S. 83ff.) geschaffen bzw. keimartig veranlagt wurden, ist das Ich noch ein sehr junges Wesensglied. Erst durch die Mission Christi vor 2.000 Jahren kann in jedem Menschen ein *individuelles* Ich aufleuchten. Christus hat dieses menschliche Ich erweckt. Erst dadurch kann der Mensch in der Zukunft *Mensch* werden und zur wirklichen Freiheit gelangen. Das Wort »ICH« der deutschen Sprache stellt in monumentalen Lettern die Initialen des Gottessohnes dar: *I*esus *CH*ristus. Immer wenn wir »ich« sagen, sprechen wir die Anfangsbuchstaben des großen »ICH-BIN« aus. Christus hat jeden Menschen zum König gemacht. So wie ein weltlicher König die Hoheit und Macht über sein Volk bzw. Reich hat, so hat jeder Mensch vermöge seines Ichs die Hoheit und die Macht über sein Seelenreich, über seine unteren Wesensglieder. Es ist von eminenter Bedeutung, dass bei allem, was ein Mensch macht und sagt, sein Ich stets die Herrschaft behält.

Das Ich, das die eigentliche menschliche »*Individualität*« repräsentiert, bleibt dem Menschen als einziges *ureigenes* Wesensglied in der gesamten nachtodlichen Zeit vollständig erhalten, wenngleich das Bewusstsein seiner selbst, also das Ich-Bewusstsein, phasenweise stark herabgedämpft sein kann und anderer Art ist, als es im Erdenleben der Fall ist. Das Ich ist *unsterblich* und *unvergänglich*; es schreitet von Inkarnation zu Inkarnation. Durch die unzähligen Erfahrungen, die es in jedem einzelnen Erdenleben sammelt, kann es immer reifer und vollkommener werden.

Nun ist auch klar, dass man bei den Wesen aus dem Tierreich weder von Reinkarnation noch von einer nachtodlichen Existenz sprechen kann, da diese nicht über ein solches Wesensglied verfügen.

Körper, Seele und Geist

Wie wir bereits erwähnt haben, wurde der Mensch in den ersten nach-christlichen Jahrhunderten als ein *drei*gliedriges Wesen, das aus *»Kör-per«*, *»Seele«* und *»Geist«* besteht, aufgefasst. Wie sind nun diese drei Begriffe im Sinne der anthroposophisch orientierten Geisteswissenschaft zu verstehen? Wie passt diese *Drei*gliederung des Menschen mit der oben geschilderten *Vier*gliedrigkeit (☞ auch Anhang, S. 86) zusammen?

Ein erstes Verständnis für diese drei Glieder ergibt sich aus Rudolf Stei-ners Aussage: **»Durch seinen Leib** [Körper] **vermag sich der Mensch für den Augenblick mit den Dingen in Verbindung zu setzen. Durch seine Seele be-wahrt er in sich die Eindrücke, die sie auf ihn machen; und durch seinen Geist offenbart sich ihm das, was sich die Dinge selbst bewahren.«**[12]

Der Begriff »Körper« dürfte die wenigsten Schwierigkeiten bereiten. Da-mit ist dasjenige gemeint, wodurch sich dem Menschen die äußeren Phä-nomene der Sinneswelt offenbaren. Er besteht im Wesentlichen aus dem *physischen Leib*. Den *Ätherleib*, der ja den physischen Leib aufbaut und belebt und, solange der Mensch im Erdenleben weilt, immer mit diesem fest verbunden ist, kann man auch noch zu dem, was man den menschli-chen »Körper« nennt, dazurechnen.

Mit dem Wort »Seele« soll auf all dasjenige hingedeutet werden, wodurch der Mensch die Dinge, die der Leib wahrgenommen hat, mit seinem eige-nen Dasein verknüpft, wodurch er also etwa Lust oder Unlust, Freude oder Leid erfährt. Die Seele ist im Menschen tätig und durchdringt alle Verrichtungen des Körpers. Die wesentlichen Kräfte der Seele sind Sym-pathie und Antipathie. Das *Ich* und der *Astralleib*, insbesondere soweit er die Hülle des Ichs ist, stellen – etwas vereinfacht dargestellt – die mensch-liche Seele dar. Der Astralleib ist der eigentliche *»Seelenleib«*, gleichsam die Substanz, aus der die menschliche Seele gewoben ist. **»In der Seele blitzt das ›Ich‹ auf«** und **»empfängt aus dem Geiste den Einschlag.«**[13]

Der Mensch kann sich in seinem Denken, Fühlen und Wollen seelisch betätigen. Alle diese Seelentätigkeiten sind beim wachenden Menschen unmittelbar mit seinem Ich verknüpft. Die Seele ist das Bindeglied von Körper und Geist, zwischen denen sie vermittelnd tätig ist. Die Seele, die zwischen beiden steht, führt ein in sich geschlossenes Eigenleben. Ihre Begierden, Wünsche und Neigungen dienen ihr. Sie stellt das Denken in ihren Dienst.

Der »Geist« ist unser Führer im Reich der Seele.

Das Ich ist eigentlich bereits ein geistiges Wesensglied, das sich beim Durchschnittsmenschen seiner geistigen Wesenheit allerdings noch nicht bewusst ist. Der *Geist* besteht jedoch im strengen Sinne aus drei zukünftigen Wesensgliedern, die der heutige Mensch erst in seinen keimhaften Anlagen besitzt, die er also im Zuge seiner geistig-seelischen Evolution in der Zukunft noch ausbilden, die er noch erwerben muss.

Für die Zwecke dieser Schrift ist es nicht notwendig, auf diese drei Geistglieder einzugehen.

Was lehrt das konfessionelle Christentum und was sagen die Wissenschaften über das Leben nach dem Tod?

Das Nahen des Todes und auch der Tod selbst,
die Auflösung des physischen Körpers,
sind immer eine große Möglichkeit
für spirituelles Erwachen.

Leider wird diese Chance
in den meisten Fällen verpasst,
weil wir in einer Kultur leben,
die vom Tod fast kein Verständnis hat.

Eckhard Tolle

Wir wollen in diesem Kapitel insbesondere einen Blick auf dasjenige werfen, was das konfessionelle Christentum über das Leben nach dem Tod lehrt. Dann wollen wir noch der Frage nachgehen, wie es überhaupt dazu kommen konnte, dass heute so viele Menschen die irrige Ansicht vertreten, dass es *kein* Leben nach dem Tod gäbe.

Noch vor etwa einem Jahrhundert wäre es den weitaus meisten Menschen absolut absurd erschienen, wenn jemand die Behauptung aufgestellt hätte, dass die menschliche Existenz durch den Tod ausgelöscht werde, dass es also kein Leben nach dem Tod gebe.

In dieser Zeit war das Weltbild der Menschen noch sehr stark von dem geprägt, was die Kirchen lehrten. Und die Tatsache, dass jeder Mensch auch eine postmortale Existenz erwarten dürfe, gehört zu den Grundpfeilern des christlichen Glaubens und auch aller anderen Religionen. Natürlich hatte man keine genauen Vorstellungen darüber, wie das nachtodliche Leben verläuft, was man da konkret erleben und erfahren werde, aber man hatte zumindest den festen Glauben daran, dass man nach dem Tod weiterlebt. Im Grunde war man sogar davon überzeugt, dass das Leben nach dem Tod weitergeht – wenngleich in einer ganz anderen Form. Selbst die meisten Wissenschaftler hatten in dieser Zeit kaum einen Zweifel an dieser Tatsache.

Werfen wir nun einen Blick auf das, was die beiden großen christlichen Kirchen über das Leben des Menschen nach dem Tod lehren. Wie wir sehen werden, sind ihre Lehrmeinungen recht unterschiedlich. Allerdings weisen sie auch durchaus Gemeinsamkeiten auf.

Beide Konfessionen gehen zunächst einmal davon aus, dass die Toten am sogenannten »Jüngsten Tage« ›auferweckt‹ bzw. ›auferstehen‹ werden. Hierzu gehört auch die in einigen Kreisen vertretene aberwitzige Ansicht, dass dann die Toten aus ihren Gräbern steigen. Viele glauben, dass die Menschen schließlich wieder einen physischen Leib annehmen, der mit dem vergleichbar sei, den wir heute tragen.

Was hat man sich unter dem »Jüngsten Tage« vorzustellen?

Genau wie man die sechs »Schöpfungstage«, von denen *Moses* in der Genesis schildert, nicht als Tage im heutigen Sinne, also einen Zeitraum von 24 Stunden, auffassen darf, ist auch mit dem Jüngsten Tag kein 24-stündiger Zeitraum, sondern eine viel längere Zeitspanne gemeint, in der sich die Erdenverhältnisse sowie das Leben der Menschheit radikal verändern werden. Bisweilen spricht man auch vom »Weltuntergang« oder »Weltenende«. Im konfessionellen Christentum geht man davon aus, dass dann die sogenannte »Auferstehung von den Toten« erfolge. Außerdem glaubt man, dass es von da an keinen unserer heutigen Erde vergleichbaren Weltenkörper mehr gäbe und dass sich das weitere Leben des Menschen nur noch in ›himmlischen‹ Gefilden abspielte. Auch glauben viele, dass dann die Entwicklung endgültig abgeschlossen und das Endziel der Menschheit erreicht wäre. Das ist aber gemäß den geisteswissenschaftlichen Erkenntnissen Rudolf Steiners und vieler anderer Geistesseher *keineswegs* der Fall!

Die heutige Erde wird in ur-ferner Zukunft in der Tat untergehen, es wird also zum Erdentod kommen. Aber es wird nach einer gewissen Übergangsphase, in der sich alles Leben nur im Geistigen vollzieht, eine *neue Erde* entstehen. Diesen neuen Weltenkörper hat Rudolf Steiner als »Jupitererde« oder auch »neuer Jupiter« bezeichnet. Man darf diesen zukünftigen Weltenkörper natürlich *nicht* mit dem heutigen Jupiter verwechseln oder gar gleichsetzen. Auf diese neue Erde, die der heutigen folgen wird, also den neuen Jupiter, weist auch der Apokalyptiker *Johannes* hin. Er nennt ihn allerdings »Neues Jerusalem«. *»Und ich sah einen neuen Himmel und eine neue Erde. Denn der erste Himmel und die erste Erde sind vergangen. [...] Und ich sah die heilige Stadt, das Neue Jerusalem [...]«*[14]

Die Jupitererde, die nicht etwa als Teil der geistigen Welt betrachtet werden darf, wird viel feinstofflicher sein als unsere heutige Erde, insbesondere wird es hier kein Mineralreich mehr geben. Auf dieser neuen Erde könnte ein dichter, materieller Leib, wie wir ihn heute tragen, nicht mehr existieren. Die Menschen, die auf der Jupitererde eine Wohnstatt finden, werden dann einen ganz anderen Leib tragen, den man »Auferstehungs-leib« nennen könnte. Geburt und Tod im heutigen Sinne wird es nicht mehr geben. Somit könnte man *plakativ* auch durchaus von der »Aufer-stehung von den Toten« sprechen. Es wird noch langer Zeiträume bedür-fen, bis es zur Verkörperung unserer Erde als Jupiter-Erde kommen wird. Bis dahin werden wir alle noch viele Male ein Erdenleben und anschlie-ßend jeweils ein nachtodliches Leben durchmachen, um in unserer geistig-seelischen Evolution vorwärtsschreiten zu können, um uns die Reife für das Leben auf der neuen Erde zu erwerben. Aber selbst wenn wir in ferner Zukunft auf dem neuen Jupiter leben werden, haben wir lediglich ein erstes großes Etappenziel erreicht. Die Entwicklung ist damit noch lange nicht abgeschlossen. Im Grunde hört diese niemals auf.

Das Leben nach dem Tod gemäß *protestantischer* Kirche

Im Protestantismus gibt es im Gegensatz zum Katholizismus zu vielen Themen im Grunde keine in Stein gemeißelte Lehrmeinungen. Insbeson-dere verzichtet man auf Dogmen, was durchaus zu begrüßen ist.

In der protestantischen Theologie wurde vor rund einem Jahrhundert der Begriff »eschatologische Lücke« geprägt. Damit soll zum Ausdruck gebracht werden, dass man über »die letzten Dinge«, also über das Leben nach dem Tod bis hin zum Jüngsten Tag, eigentlich nichts Genaues wis-sen könne. (Im Grunde ist das ja paradox, da – wie wir wissen – in dieser langen Zeitspanne auch viele *Erdenleben* eines Menschen liegen.)

In protestantischen Kreisen sowie auch in einigen Sekten christlichen Ur-sprungs scheint die sogenannte »Ganztodthese« bzw. »Ganztodtheorie« immer mehr Verfechter und Anhänger zu finden. Gemäß dieser These ist der Mensch nach seinem Tod wirklich ›tot‹, also ohne ein wie auch immer geartetes Bewusstsein und somit gar nicht mehr existent, bis er endlich am Jüngsten Tage wieder ›auferweckt‹ und mit einem neuen, unverweslichen Leib ausgestattet wird.

Es fällt sehr schwer, diese Ganztodtheorie nachzuvollziehen. Wie kann man einen Sinn damit verbinden, dass ein Wesen gewissermaßen ausge-löscht wird, um dann vielleicht nach Abertausenden von Jahren durch die ›Auferweckung‹ wieder mit einem Bewusstsein begabt zu werden? Neh-men wir als Beispiel einen Steinzeitmenschen, der vor rund zwei Millio-nen Jahren gestorben ist. Als er starb, wurde *gemäß dieser These* sein Be-wusstsein ausgelöscht, so dass er quasi gar nicht mehr existent war, denn ohne ein wie auch immer geartetes Bewusstsein kann man nicht von Existenz sprechen. Nun wird er *gemäß dieser grotesken Theorie* erst – sagen wir in weiteren zwei Millionen Jahren – am Jüngsten Tag wieder auferweckt. Was hätte dieses auferweckte neue Wesen noch mit dem vor vier Millionen Jahren ausgelöschten zu tun? Müsste man da nicht eher von einer Neuschöpfung reden?

Die evangelische Kirche weiß also *überhaupt nichts* über das Leben, das ein Mensch nach seinem Tod führt! Immerhin ist sie so ehrlich, das zuzugeben.

Natürlich haben die Theologen, welche die Ganztodtheorie aufgestellt haben, sich das nicht aus den Fingern gesogen. Sie begründen ihre Lehren einzig und allein auf der Bibel, die in der Tat ein paar Verse enthält, welche die Ganztodthese zu stützen *scheinen*. Es soll überhaupt nicht bestritten werden, dass der Heiligen Schrift die allerhöchsten göttlich-geistigen Wahrheiten zu entnehmen sind, allerdings ist das nicht so einfach, wie man vielleicht glauben könnte. Die Bibel ist für das Bewusstsein eines modernen Menschen nur noch sehr schwer verständlich. Das gilt ganz besonders für die eher wenigen Verse, die eine Aussage über das nachtodliche Leben des Menschen machen.

Das Leben nach dem Tod gemäß *katholischer* Kirche

Die *katholische* Kirche reklamiert seit Jahrhunderten für sich eine Monopolstellung, was die Verkündigung und Verbreitung geistig-göttlicher Wahrheiten angeht und bezeichnete sich bis noch vor kurzer Zeit als die ›alleinseligmachende‹ Kirche.

Was lehrt die *katholische* Kirche nun über das Leben nach dem Tod, wie man es dem »*Katechismus der katholischen Kirche*« (Nr. 1022 bis 1031, S. 292 bis 295) entnehmen kann?

Immerhin vertritt sie *nicht* die absurde Anschauung, dass der Mensch erst am Jüngsten Tag wieder mit einem Bewusstsein begabt werde. Sie geht vielmehr von *drei möglichen Wegen*, die der Mensch nach dem Tod nehmen kann, aus. Welche Wege sind das?

Diejenigen Menschen, die »*in der Freundschaft Gottes sterben und völlig geläutert sind*«, treten »*unmittelbar in die himmlische Seligkeit*« ein. Sie kommen also sofort in den »*Himmel*«, in dem sie ewige Freuden erleben. Darüber, was der Mensch in dieser Seinssphäre ganz konkret erlebt und erfährt, können die Lehren allerdings nichts Wesentliches beitragen.

Das Gegenstück des Himmels ist die »*Hölle*«. Welche Menschen erwartet sie und wie kann man eine Vorstellung von dieser Sphäre gewinnen? Im Katechismus heißt es: »*Die Lehre der Kirche sagt, dass es eine Hölle gibt und dass sie ewig dauert. Die Seelen derer, die im Stand der Todsünde sterben, kommen sogleich nach dem Tod in die Unterwelt, wo sie die Qualen der Hölle erleiden, ›das ewige Feuer‹. Die schlimmste Pein der Hölle besteht in der ewigen Trennung von Gott, in dem allein der Mensch das Leben und das Glück finden kann, für die er erschaffen worden ist und nach denen er sich sehnt.*«[15]

Zwei Aspekte können aus der Lehre über den Himmel und die Hölle abgeleitet werden: Zum einen scheint es durchaus möglich zu sein, sich sogleich nach *einem einzigen* Leben, das von der Liebe zu Gott getragen war, für dieses hohe himmlische Ziel ›qualifizieren‹ zu können. Eine solche Möglichkeit wird vielen Christen als große Hoffnung und Ansporn dienen können. Es ist doch wohl ein sympathischer Gedanke, diese ewige Seligkeit schon sehr bald und für immer erleben zu dürfen. Zum anderen kann man nicht umhin einzugestehen, dass man aus den Glaubenssätzen der katholischen Kirche keine halbwegs konkrete Vorstellung davon gewinnen kann, wie sich das Leben im Himmel abspielt, was es da zu tun gibt usw. Es soll auch mit keinem Wort gesagt werden, dass die Darstellungen, die man den Kirchenlehren entnehmen kann, falsch seien. Das können sie ja auch eigentlich nicht, weil sie ganz wesentlich auf den – allerdings zum Teil sehr interpretierbaren – Aussagen der Bibel basieren. Sie sind lediglich viel zu grob und zu schwammig, so dass sie Spekulationen Tür und Tor öffnen und dem suchenden Menschen keine wirkliche Orientierung zu geben vermögen.

Wir bezweifeln keineswegs die Existenz einer finsteren Daseinssphäre, die traditionell »Hölle« genannt wird. Aber zu der völlig abstrusen Vorstellung, dass gewisse Seelen dort die *Ewigkeit* ›absitzen‹ müssen, dass sie dort bis in alle Ewigkeit leiden müssen, ohne auch nur die geringste Chance zu haben, ihre Entwicklung in eine andere Richtung zu lenken, kann man nur gelangen, wenn man die Wahrheit von den wiederholten Erdenleben ignoriert. Wenn jeder Mensch wirklich nur *ein einziges* Erdenleben durchlaufen würde, so gäbe es nämlich ein großes Problem: Was macht man mit den abgrundtief bösen Menschen? Da diese dann keine Gelegenheit hätten, in folgenden Inkarnationen sich zu ändern, sich zu veredeln, muss man zu einer Krücke greifen. Diese Krücke ist die Hölle, in die man solche bösen Seelen *für alle Zeiten* einsperren muss!

Kommen wir schließlich zu dem, was üblicherweise als »*Fegefeuer*« und heute meistens als »*Purgatorium*« bezeichnet wird. Diesen ›Zwischenzustand‹ werden vermutlich die meisten Menschen nach ihrem Tod durchzumachen haben. Nach katholischer Lehrauffassung kommen diejenigen Seelen ins Fegefeuer, die zwar »*in der Gnade und Freundschaft Gottes*« sterben, »*aber noch nicht vollkommen geläutert*« sind. Dort müssen sie eine Zeit lang geläutert werden, »*um die Heiligkeit zu erlangen, die notwendig ist, in die Freude des Himmels eingehen zu können.*«

Dasjenige, was hier kurz dargestellt wurde, ist im Grunde *alles*, was die katholische Kirche über das Leben des Menschen nach dem Tod bis zum Weltenende weiß bzw. zu sagen hat!

Woher kommt es eigentlich, dass die beiden großen Kirchen so wenig Verlässliches über das Leben des Menschen nach dem Tod lehren können? Nun, das kommt im Wesentlichen daher, dass die Kirchen davon ausgehen, dass die göttlich-geistige Welt sich *ausschließlich* bis vor etwa 2.000 Jahren den Menschen geoffenbart hätte. Somit rechnen sie nur mit den Offenbarungen, die *Moses*, den alten Propheten und den Evangelisten, insbesondere Johannes, zuteil wurden. Nur diese Persönlichkeiten halten sie für autorisiert, göttlich-geistige Wahrheiten zu verbreiten. Die kirchlichen Lehren basieren vorwiegend darauf, wie die Kirchenväter der ersten nachchristlichen Jahrhunderte diese Texte übersetzt und ausgelegt haben. Diesen Status haben sie eingefroren. Lediglich wurden einige geringfügige Änderungen oder Ergänzungen durch den einen oder anderen Konzilsbeschluss vorgenommen. Alles, was seitdem durch die sogenannten »Neuoffenbarungen«, wie sie in erster Linie in den letzten Jahrhunderten durch geistige Seher und hohe Eingeweihte, allen voran Rudolf Steiner, in die Welt gekommen sind, ignorieren sie oder lehnen sie auf das Schärfste ab.

Stellen Sie sich vor, unsere Wissenschaften würden genauso verfahren! Dann würde zum Beispiel ein heutiger Astronom sagen: »Das, was die großen Astronomen bis vor gut 500 Jahren erforscht und veröffentlicht haben, war uneingeschränkt richtig. Die Erde ist eine Scheibe, und die Sonne dreht sich um die Erde. Mehr kann man über diese Dinge nicht wissen. Es gibt seitdem nichts mehr, was noch erforscht werden könnte. Alles, was Astronomen in neuerer Zeit gesagt haben, kann nur falsch sein.« Jedem Kirchenvertreter käme das absolut absurd vor, obwohl diese prinzipiell genau so verfahren.

Was sagt die Wissenschaft?

Wenngleich also das konfessionelle Christentum nur sehr dürftige Aussagen über das Leben des Menschen nach dem Tod zu machen in der Lage ist, so waren ihre Verheißungen auf ein ewiges Leben bis noch vor etwa 100 Jahren für die meisten Menschen hinreichend, um eine gewisse Orientierung haben und Hoffnung hegen zu können. Kaum einer zweifelte daran, dass seine Existenz über den Tod hinaus fortdauert.

Diese Sichtweise hat sich seitdem schleichend verändert. Heute leben wir auf dem Höhepunkt des Materialismus. Diese Ideologie verweist alles, was man nicht mit den eigenen Sinnen oder mit die Sinne verstärkenden Instrumenten wahrnehmen, beobachten und studieren kann, ins Reich der Fabeln. Sämtliche Wissenschaften sind in unserer Zeit von dieser Weltanschauung infiziert. In ihren Lehren ist kein Platz mehr für geistig-göttliche Welten und Wesen. Diese bezeichnen sie als einen längst überwundenen Aberglauben, den die ›dummen‹, unaufgeklärten und unwissenden Menschen früher hatten.

Somit bestreiten sie auch, dass der Mensch nach dem Tod weiterlebt. Dabei ignorieren sie, dass es Menschen gibt, die über höhere Sinnesorgane verfügen, die sie begaben, Geistiges hellsichtig wahrzunehmen und zu studieren. Viele Wissenschaftler entblöden sich nicht, dasjenige, was Hellseher preisgeben, als Halluzinationen zu bezeichnen. Insbesondere halten sie es für einen Irrwahn, dass es Menschen wie etwa Rudolf Steiner gibt, die sich durch Intuition so in einen Verstorbenen hineinversetzen können, dass sie gewissermaßen dessen nachtodliches Leben mitverfolgen und miterleben können.

Folglich fällt die Antwort auf die Frage, mit der dieser Abschnitt überschrieben ist, sehr kurz aus.

Die Wissenschaften sehen in dem Menschen nichts anderes als ein rein körperliches Wesen. Man glaubt, dass die Wesenheit des Menschen mit seinem physischen Leib erschöpft sei. Die Existenz immaterieller Wesensglieder halten sie für einen Unfug.

Daher ist es nur konsequent, dass sie davon ausgehen, dass vom Menschen, nachdem er gestorben ist, nur noch sein Leichnam übrig ist, der – wie jeder weiß – sofort in den Verwesungsprozess übergeht. Somit gibt es für die Wissenschaftler keine Notwendigkeit, das potentielle nachtodliche Leben des Menschen zu erforschen, da sie ein solches dogmatisch abstreiten.

Der Mensch im Spannungsfeld zweier dogmatischer Systeme

Wir Menschen befinden uns gegenwärtig zwischen den Mühlsteinen zweier dogmatischer Systeme, die uns zu zerreiben drohen: das konfessionelle Christentum sowie auch die meisten anderen Religionen auf der einen und die materialistischen Wissenschaften auf der anderen Seite.

So kann es beispielsweise passieren, dass Kinder im Biologieunterricht hören, der Mensch stamme vom Affen ab und in der nächsten Stunde wird ihnen dann im Religionsunterricht gesagt, der Mensch stamme von Gott ab. Man kann sich leicht vorstellen, was das mit den kindlichen Seelen macht! Wie sollen sie mit diesem Widerspruch zurechtkommen? Wenn sie logisch richtig denken, müssten sie zu der Ansicht gelangen, Gott und der Affe wären ein und dasselbe!

Die wohl meisten Zeitgenossen sind der festen Überzeugung, dass sie sich in allen Fragen und bei allen Entscheidungen auf ihr *eigenes* Denken und Urteilen verlassen würden und nicht einmal im Ansatz autoritätsgläubig seien. Das entspricht aber in sehr vielen Fällen *nicht* der Wahrheit. Während die Menschen früher der Autorität der Kirche und des Staates vertrauten, vertrauen sie heute auf die Autorität der Wissenschaften. Dasjenige, was die Wissenschaftler lehren, *klingt* recht seriös, so dass man es gar nicht wagt, ihre Dogmen in Frage zu stellen. Die Mehrheit der Menschen in der europäisch-amerikanischen Welt ist geradezu wissenschaftshörig. Für viele ist die Wissenschaft zu einer modernen Religion geworden.

Was das Thema dieses Buches angeht, so gibt es heute schon selbst unfassbar viele Christen, die nicht mehr ernsthaft von einem Leben nach dem Tod ausgehen. Die postmortale Existenz des Menschen wird von der Wissenschaft bestritten. Da viele Zeitgenossen sich ihrer Autorität unterwerfen, gibt es immer mehr, die diese unsinnige Meinung übernehmen und womöglich sogar als Ergebnis ihres eigenen Denkens verkaufen. Etliche sind unsicher, was sich an Antworten auf die Frage, ob sie an ein Leben nach dem Tod glauben, wie: »Ich hoffe schon, aber es ist ja noch keiner wiedergekommen« zeigt.

Wie könnte es einen Ausweg aus diesem Dilemma geben? Der Ausweg kann nur darin bestehen, dass wir uns um geistige Erkenntnisse bemühen, wie man sie heute vielen Quellen – insbesondere der anthroposophisch orientierten Geisteswissenschaft – entnehmen kann.

Das Leben nach dem Tod aus geisteswissenschaftlicher Sicht im Überblick

Der Tod macht dich so still,
dass Gott dich hören kann.
Im Tod fängt unser Ich ja erst zu klingen an.

Der Tod, was ist der Tod?
Ein Spender tiefsten Seins.
Man fällt nicht aus der Welt,
man wird mit ihr erst eins.

Theowill Uebelacker

E tliche Zeitgenossen, die sich gewisse Erkenntnisse über das nachtodliche Leben erworben haben, verbinden mit diesem sehr unterschiedliche Vorstellungen, die ganz wesentlich darauf basieren, aus welchen Quellen sie diese geschöpft haben.

Die wohl falschesten Vorstellungen bilden sich diejenigen, die glauben, dass man die Verhältnisse in den übersinnlichen Welten, in denen die Toten nun für lange Zeit weilen, und das Leben, das sie dort führen, ganz gut mit dem vergleichen könne, was wir von der Erdenwelt kennen. Vielmehr ist das Gegenteil der Fall. Die übersinnlichen Welten sowie alles, was nach dem Tod geschieht, ist so *radikal* verschieden von dem, was wir aus unserem Erdenleben gewohnt sind, dass es nur annähernd, also *gleichnishaft* in eine Erdensprache übertragen werden kann. Man würde also ganz fehlgehen, wenn man glaubte, dass die Welten, in denen die Toten weilen, unserer Sinneswelt recht ähnlich wären. Auch alle Erlebnisse und Erfahrungen, die die Toten in diesen Welten machen, sind völlig anderer Art und ungleich mannigfaltiger als alles, was wir auf der Erde erleben können. Schon die Vermutung, man würde nach dem Tod ähnlich denken, fühlen, wahrnehmen und erleben, wie wir es aus unserem Erdenleben gewohnt sind, erschwert das Verständnis für den nachtodlichen Weg des Menschen gewaltig. Auch sollte man nicht etwa annehmen, dass die übersinnlichen Welten einen schattenhaften, irrealen oder nebulösen Charakter hätten. Diese höheren Welten und das, was man in diesen erleben und erfahren kann, sind ungleich realer, lebendiger und wirklichkeits-gesättigter als alles, was man aus der Sinneswelt kennt. Bei allem, was man in der sichtbaren Welt wahrnehmen kann, handelt es sich nur um schwache und schattenhafte Abbilder oder Spiegelungen von Realitäten aus höheren Welten.

Im Vergleich zu dem Leben nach dem Tod erscheint das Erdenleben fast wie ein Traum. Daher haben wir für dieses Büchlein auch den zwar plakativen, aber durchaus zutreffenden Titel

»Das wahre Leben beginnt erst nach dem Tod«

gewählt.

Man kann sich leicht vorstellen, wie andersartig das nachtodliche Leben ist, wenn man nur bedenkt, dass man dann keinen physischen Leib mehr trägt. Außerdem gibt es in den übersinnlichen Welten nicht den dreidimensionalen Raum, in dem wir uns im Erdenleben so gut zu orientieren und zurechtzufinden gelernt haben. Auch unser Zeitbegriff ist dort nicht anwendbar. In den höheren Daseinssphären muss man von »Zeitlosigkeit« oder »Dauer« sprechen.

Wir wollen nun einen *kurzen Überblick* über das Leben des Menschen nach dem Tod geben. Die folgenden Darstellungen basieren auf den Forschungsergebnissen und Erkenntnissen von Geistessehern – allen voran auf denen Rudolf Steiners. Das nachtodliche Leben, das hier beschrieben werden soll, bezieht sich auf *Durchschnittsmenschen*, also auf die große Mehrheit der Menschen. Die besonderen Bedingungen, die sich im Leben nach dem Tod für einen Menschen ergeben, der schon als Kind oder Jugendlicher über die Schwelle des Todes geschritten ist, werden hier nicht berücksichtigt. Auch werden wir nicht auf das zum Teil fürchterliche Schicksal, das Menschen erwartet, die krasse Materialisten oder extrem schlechte und verdorbene Menschen waren oder sich selbst entleibt haben, eingehen.

Die erste Hälfte des nachtodlichen Daseins

Man kann das nachtodliche Dasein des Menschen in zwei Hälften, in zwei *etwa* zeitgleiche Abschnitte unterteilen, die jeweils viele Jahrzehnte oder gar Jahrhunderte dauern können.

Während seines Erdenlebens fühlte sich der Verstorbene abgeschlossen in den Grenzen seiner Haut, die seinen physischen Körper umhüllte. Die ganze große Welt erlebte er als etwas, was außerhalb seiner war und mit ihm nicht viel zu tun zu haben schien. Er empfand sich als einen winzigen Punkt im riesigen Universum. Diese Sichtweise wird schon kurz nach dem Tod eine völlig andere. In dem Moment, in dem er seinen physischen Leib verlassen hat, geht er in allem auf, was *außerhalb* dieses Leibes ist. Das *Übersinnliche* seines physischen Leibes ist in der ganzen Welt zu suchen, soweit man sie nur ahnen kann. Es offenbart sich dort als ein *»Kräfteorganismus«*, als ein *»Kräftekosmos«*. Der verstorbene Mensch muss sich völlig neu orientieren. Er hat schon kurze Zeit nach dem Tod das Gefühl, wie wenn er wachsen würde, wie wenn er größer und größer würde, wie wenn er sich nach allen Richtungen ausdehnen würde. Früher hat er sich als ein durch seine Haut abgeschlossenes, eng begrenztes Wesen empfunden, dem die ihn umgebende schier unendliche Welt wie eine Außenwelt erschienen ist. Jetzt wird diese Außenwelt zur Innenwelt. Seine frühere Innenwelt wird zur Außenwelt. Er breitet sein ganzes Wesen in den Kosmos aus. Das was früher sein Mikrokosmos war, wird nun zum Makrokosmos. Er bekommt den Eindruck, als ob sich sein Wesen über alles ergießen würde, was außerhalb seiner ist. Er taucht gleichsam in die Dinge unter und fühlt sich eins mit ihnen. In der Tat dehnt sich seine geistige Wesenheit in der ersten Hälfte des nachtodlichen Lebens langsam und allmählich immer mehr in die Weiten des Kosmos aus. Er durchwandert gewissermaßen die Planetensphären (Mond, Merkur, Venus, Sonne, Mars, Jupiter und Saturn) und kommt schließlich in den Bereich des Tierkreises bzw. des Fixsternhimmels (☞ Anhang, S. 87). Dadurch wird der Horizont seines Bewusstseins immer weiter. In dieser langen Zeit geht es für den Verstorbenen ganz wesentlich darum, sein abgelegtes Erdenleben aufzuarbeiten und sein Karma für das nächste Erdenleben keimartig zu veranlagen.

In der zweiten Hälfte des Lebens zwischen Tod und neuer Geburt, steigt er wieder durch diese Sphären zurück, was mit einem allmählichen Zusammenziehen seiner Wesenheit einhergeht. Dann ist es insbesondere seine Aufgabe, im Verein mit den geistigen Wesen der höheren Hierarchien sowie mit den Seelen der Menschen aus seinem Schicksalskreis sein neues Erdenleben vorzubereiten.

Die Welt der Toten – die übersinnlichen Welten

Der Mensch verlässt im Augenblick des Todes unsere physische Welt, um in eine andere ›einzutreten‹. Es soll zunächst einmal mit der auch heute in einigen Kreisen immer noch herrschenden naiven Anschauung aufgeräumt werden, dass diese Welt, die der Tote nun ›betritt‹, irgendwo fernab im Universum läge und letztlich auch materieller Art wäre. Die Welten, in denen der verstorbene Mensch nun für lange Zeit weilt, sind selbstverständlich immaterielle, übersinnliche Sphären. Diese sind mit den üblichen Sinnen eines lebenden Menschen und somit auch mit den Methoden unserer heutigen Naturwissenschaften nicht zu erreichen. Für die äußere, rein sinnliche Anschauung scheinen diese Welten nicht zu existieren.

Wie man aus der Anthroposophie – aber auch aus anderen spirituellen Quellen – wissen kann, muss man neben der physischen Welt, also unserer Erden- oder Sinneswelt im Wesentlichen noch *drei weitere* Welten unterscheiden, die von einem Verstorbenen stufenweise durchlaufen und durchlebt werden: die *»Ätherwelt«*, die *»Astral-«* oder *»Seelenwelt«* und die *»Geisteswelt«* oder *»geistige Welt«*.

Sowohl in der Seelenwelt als auch in der Geisteswelt kann man jeweils sieben verschiedene Regionen oder Sphären unterscheiden. Anstelle von »Regionen« oder »Sphären« könnte man auch von »Seinsebenen« oder »Erfahrungswelten« sprechen. Allen Welten und Regionen ist gemein, dass sie mit physischen Sinnen oder Messinstrumenten nicht wahrnehmbar sind, so dass ihre Existenz von materialistisch gesinnten Gemütern abgestritten werden kann. Mit einem Oberbegriff werden diese Welten als *»übersinnliche Welten«* bezeichnet. Der Begriff »übersinnliche Welten« soll zum Ausdruck bringen, dass diese *über* oder *außerhalb* dessen liegen, was wir mit unseren *physischen* Sinnesorganen erfassen können. Synonym werden auch die Bezeichnungen *»höhere Welten«* oder *»immaterielle Welten«* verwandt. Die übersinnlichen Welten sind *nicht*-räumlich. Man muss sich *alle* Welten als miteinander verwoben denken. In einer ähnlichen Weise, wie sich in der Sinneswelt verschiedene Flüssigkeiten oder Luftströmungen durchdringen und durchziehen können, wird auch unsere physische Welt von den höheren Welten durchdrungen und durchzogen. Daraus folgt, dass diese übersinnlichen Welten nicht fernab von unserer Welt sind, wie es insbesondere der in diesem Zusammenhang häufig benutzte Ausdruck »Jenseits« suggerieren könnte. Die höheren Welten sind also *überall*. Die geistig-seelischen Wesen, also auch die Verstorbenen, sind lediglich in einer Sphäre, die *jenseits* der Wahrnehmungsfähigkeit des heutigen Durchschnittsmenschen liegt. Wie bereits angedeutet korrespondieren die Regionen der Seelen- und der Geisteswelt mit Planetensphären (☞ Anhang, S. 87).

Wenn man der Einfachheit wegen Formulierungen wie »Der Verstorbene ›betritt‹ die Region« oder »Der Tote ›befindet‹ sich in der Sphäre« verwendet, so darf man das freilich nicht so verstehen, als handelte es sich dabei um Räumlichkeiten. Richtiger müsste man sagen, dass er das Bewusstsein, die Anwartschaft oder die Reife für eine bestimmte Region oder Sphäre hat, in der er nun befähigt ist, die dortige geistige Realität wahrzunehmen.

Die erste Zeit nach dem Tod – das Leben in der Ätherwelt

Sie kennen gewiss das schon sprichwörtliche »Licht am Ende des Tunnels«. Was viele nicht wissen, ist, dass diese Formulierung den Berichten zahlreicher Menschen entlehnt ist, die Nahtod-Erlebnisse hatten. Diese schildern, dass sie sich zunächst in einer Art Tunnel wähnten, den sie passieren mussten. Nachdem das gelungen war, kam ihnen ein unfassbar helles, warmes Licht entgegen, das mit keinem noch so hellem Licht aus der Sinneswelt – nicht einmal mit dem von »tausend Sonnen« – zu vergleichen sei. Dieses Licht identifizierten die meisten als einen Engel oder Christus.

In der Tat wird der Mensch, sobald er über die Schwelle des Todes schreitet, seinem persönlichen Engel, also seinem Schutzengel, begegnen, den er als eine überaus helle, strahlende Geistgestalt wahrnimmt. Dieser Engel, der schon seit seiner ersten irdischen Inkarnation immer an seiner Seite ist, führt ihn nun auch durch das nachtodliche Leben. Auch weitere hohe Geistwesen aus den verschiedenen Engelreichen nehmen ihn in Empfang.

Die hellsichtige Psychologin und Sterbeforscherin Dr. *Iris Paxino* schreibt über den Todesmoment aufgrund ihrer übersinnlichen Forschung: *»Der Sterbeaugenblick eines Menschen ist nie ein Einsamkeitsmoment. Das irdische Licht des über die Schwelle Gehenden verlöscht, doch sein geistiges Licht leuchtet auf. Die Hierarchien* [gemeint sind die geistigen Wesen der höheren Hierarchien, namentlich die der dritten Hierarchie] *erwarten und empfangen ihn in einer erhabenen Feierstunde. Das, was sich für die Welt der Hinterbliebenen verdunkelt, erstrahlt auf der anderen Seite in einem lichtvollen geistigen Festakt. Der sich Exkarnierende erlebt, dass er sich aus dem Physischen ›herausatmet‹, dies bedeutet für ihn eine Befreiung und eine Ausweitung seines Wesens. Er schaut auf seinen Leib und erkennt, dass dieser Teil von ihm lediglich seine abgelegte physische Hülle ist. Sein Bewusstsein, in der geistig-ätherischen Welt, in der er sich* *nun befindet, ist klar und wach, er erkennt die Wesenheiten, die ihn nun empfangen. Für den Verstorbenen selbst ist es ein sakraler Augenblick, in welchem seine Individualität, eingebettet im Licht einer höheren geistigen Wirklichkeit, zu sich selbst aufersteht.«*[16]

Der Verstorbene wird schon bald von einigen vertrauten Menschenseelen, die bereits vor ihm durch die Pforte des Todes gegangen sind und ihn nun willkommen heißen, in Empfang genommen. Iris Paxino schreibt: *»Auch Gestalten verstorbener Menschen, die in der Zeit der Inkarnation mit dem soeben Exkarnierten verbunden waren, erscheinen beim Übergang in die geistige Welt. Meist sind es nahe Angehörige, enge Freunde oder Weggefährten, die bereits früher über die Schwelle gegangen sind. Ihre Stimmung ist von einer mitfühlenden, verständnisvollen und liebegetragenen Milde durchströmt. Sie empfangen den Neuankömmling mit inniger Freude und bilden für sein Seelenerleben eine Brücke zwischen den Welten.«*[17] Von der Tatsache, dass der Tote von den Seelen Verstorbener aus seinem Schicksalskreis, insbesondere aus seiner Familie, herzlich empfangen wird, berichten auch zahlreiche Menschen, die Nahtod-Erlebnisse hatten. So schildert eine Frau: *»Das allererste war eine liebevolle und herzliche Begrüßung durch verstorbene Menschen, die mir sehr wichtig waren. Vor allem waren das die Freundin [...] sowie meine Großmutter väterlicherseits. Was mich im nachhinein sehr frappiert hat, ist, dass ich sie gar nicht gekannt habe, da sie vor meiner Geburt verstorben war. Aber sie war da, um mich zu begrüßen. [...] Diese Begrüßung durch die Gestalten war sehr überwältigend, im Grunde genommen war es ein Meer von Liebe.«*[18]

Ebenfalls aus der Nahtod-Forschung bekannt ist diejenige Wahrnehmung, die häufig als »Lebensfilm« bezeichnet wird. Nahezu unmittelbar nach Eintritt des Todes taucht etwas Gewaltiges vor der Seele des Verstorbenen auf: das »*Lebenspanorama*«. **»Wie mit einem Schlage steht das verflossene Erdenleben vor der Seele.«**[19] Wie in einem großen Panorama sieht er Bilder seines ganzen abgelaufenen Lebens vor sich.

Alles, was er denkend oder vorstellend in seinem Leben erlebte, taucht in diesen Bildern auf. Es ist wirklich immer das *ganze* verflossene Erdenleben in dieser »*Lebensrückschau*« da, also auf einmal, nicht erst in einer zeitlichen Reihenfolge. In mächtigen Bildern sind *gleichzeitig* sowohl solche Ereignisse da, die erst kurz vor dem Tod, als auch diejenigen, die schon in seinen mittleren Lebensjahren oder in seiner Kindheit stattfanden. Der Tote sieht in diesen Tagen von seinem individuellen Gesichtspunkte aus insbesondere alles dasjenige, woran er selbst beteiligt war, was für ihn eine Bedeutung hatte. Er sieht die Beziehungen, die er im Leben zu anderen Menschen hatte in der Weise, dass ihm gewahr wird, welche Früchte diese Beziehungen für ihn selbst getragen haben. Bei allem und überall sieht er sich im Mittelpunkt. In dieses Tableau sind auch die Bilder solcher Erlebnisse einverwoben, die ihm zu Lebzeiten gar nicht bewusst geworden sind, die aber doch einen Eindruck in seiner Seele hinterlassen haben. Er empfindet dieses Panorama als ein Stück seiner Wesenheit, ja als seine Welt. Das Selbsterlebte wird zu seiner Welt. In dem Maße wie ihm das irdische Dasein entschwindet, taucht alles, was er von seiner Geburt an bis zu seinem Tod in der Welt erleben konnte, auf. Dieses ganze Leben hat er nun als ein intensiv lebendiges, mit deutlichem Bewusstsein durchzogenes Bilderpanorama vor sich. Alles erscheint ihm so hell und überdeutlich, als wären es gar keine Erinnerungen, sondern etwas, was er gerade frisch erlebt. Er sieht nicht nur diese Bilder, sondern es lebt auch alles wieder auf, was er in irgendeiner Weise jemals erlebt oder getan hat. Jedes einzelne Gespräch, das er mit Menschen geführt hat, ›hört‹ er jetzt wieder, alles das, was er mit anderen Menschen zusammen erfahren hat, was er mit ihnen ausgetauscht hat, erfährt er nun wieder. Diese Rückschau ist nicht von Gefühlen und Empfindungen durchzogen. Der Verstorbene gibt sich ganz passiv dieser Rückschau hin. Er betrachtet das Lebenspanorama mit der nüchternen Distanz eines neutralen Beobachters. **»Man steht diesem Erinnerungstableau ebenso objektiv gegenüber wie einem Gemälde. Wenn dasselbe einen Menschen darstellt, der traurig, der von Schmerzen erfüllt ist, so sehen wir ihn objektiv an. Wir können wohl seine Traurigkeit nachfühlen, doch empfinden wir nicht unmittelbar den Schmerz, den der Mensch gehabt hat. So ist es mit den Bildern dieses Tableaus unmittelbar nach dem Tode: es breitet sich aus, und man sieht in Zeiträumen, die erstaunlich sind, weil sie so kurz sind, alle Einzelheiten, die sich im Leben zugetragen haben.«**[20] Bei allen Szenen, die er nun sieht, hat der Tote den Eindruck, als wollte Christus oder sein Engel ihn fragen, was er aus seinem Leben gemacht habe, wie er dieses genutzt habe.

Während dieser Zeit wird er von seiner Lebensrückschau derart in Beschlag genommen, dass er sich noch nicht intensiv anderen Seelen – weder denen von verstorbenen noch von lebenden Menschen – zuwenden wird. Er hat mit sich und seiner Welt genug zu tun. Dennoch ist es nicht so, dass er andere Menschen nicht wahrnehmen könnte. *»Für unser Vorstellungsvermögen ist es schwer verständlich, wie eine lebensumfassende Abfolge von Bildern und Erlebnissen, also ein zeitlich dynamischer und überaus komplexer Verlauf, als fast gleichzeitiges Erscheinen wahrge-*

nommen werden kann, zudem noch in dieser detaillierten Weise. [...] Die physische Welt ist die Welt des Getrenntseins, von daher ist die Tatsache, dass die Verstorbenen parallel zum Erleben ihres Rückblickes ihre Hinterbliebenen wahrnehmen können, ein weiterer Aspekt, der unser physisches Eingebundensein in Zeit und Raum durchbricht.«[21]

Diese Art der Rückschau, der Rückerinnerung ist außerordentlich wichtig, da aus ihr eine Kraft fließt, die der Verstorbene benötigt, um im ganzen Leben nach dem Tod sein Ich-Bewusstsein aufrechterhalten zu können, um weiterhin ein selbstbewusstes und eigenständiges Wesen bleiben zu können. Diese Fähigkeit geht nicht nur, aber doch ganz wesentlich von diesem Anschauen des letzten Erdenlebens aus.

Die Darstellungen über die Lebensrückschau, wie sie Rudolf Steiner und andere Geistesseher aus ihrer geisteswissenschaftlichen Erkenntnis geben konnten, werden von zahlreichen Persönlichkeiten, die Nahtod-Erlebnisse hatten, eindrucksvoll bestätigt. So schreibt *George G. Ritchie:* »*Denn gleichzeitig [...] war in diesem Raum jede einzelne Episode meines Lebens eingetreten. Alles, was um mich herum geschehen war, war einfach da, in voller Sicht, gleichzeitig und fließend, so, als ob in einem Moment alles zu gleicher Zeit stattfinden könnte. [...] Dagegen war an allen Seiten um uns herum etwas, was ich nur mit einer Art Wandgemälde bezeichnen könnte – nur, dass die Gestalten dreidimensional waren, sich bewegten und sprachen. In unendlicher Geschwindigkeit rollten die Bilder des verflossenen Lebens an mir vorüber, hunderte, tausende, [...] Es hätte in normaler Zeit Wochen gebraucht, um nur einen flüchtigen Blick auf die vielen Ereignisse zu werfen, und dennoch hatte ich nicht den Eindruck, dass überhaupt Minuten vergingen [...]«*[22]

Man muss sich nun fragen, wodurch es zustande kommen kann, dass der Tote sich so unfassbar detailgetreu bis in die kleinsten Einzelheiten an sein abgelegtes Erdenleben zu erinnern vermag.

Wie gewiss jeder Leser bestätigen wird, gelingt es uns allen doch nur in einem sehr begrenzten Maße, etwas zu erinnern, was wir vor Jahren oder gar in unserer Kindheit erlebt haben. Nehmen wir ein konkretes Beispiel: Wer kann sich noch in allen Einzelheiten an seinen allerersten Schultag, den Tag seiner Einschulung erinnern? Wer kann sich noch in Erinnerung rufen, welche Kleidung er an diesem Tag trug, was er gefrühstückt hat, wer ihn auf dem Weg zur Schule begleitete, wie das Klassenzimmer beschaffen war, wie viele und welche Mitschüler er hatte, wie diese sowie sein Lehrer ausschauten, was der Lehrer alles gesagt hat, wie dieser auf ihn gewirkt hat, was er, als er wieder zu Hause war, erzählt und gemacht hat, usw.? Nicht einmal an unsere letzte Familienfeier – selbst wenn diese erst vor ein paar Tagen stattgefunden haben sollte – können wir uns, solange wir verkörpert sind, bis ins *kleinste Detail* erinnern. Die Reminiszenzen an unsere ersten etwa drei Lebensjahre, als unser Ich-Bewusstsein noch nicht erwacht war, sind zu Lebzeiten gar nicht abrufbar. Obwohl der Ätherleib, der ja der Träger des Gedächtnisses ist, *alle* Erinnerungen, die diesem eingeprägt sind, treulich aufbewahrt, ist die Erinnerung an unser bisher verflossenes Leben mehr als lückenhaft. Zudem sind die Erinnerungsbilder, die in unserem Inneren aufsteigen, sehr blass und schattenhaft.

Der Grund für die Schwierigkeit, sich während einer Inkarnation an sämtliche Erlebnisse erinnern zu können, ist, dass der Ätherleib mit dem physischen Leib eng und unzertrennlich verbunden ist und von diesem stark eingeschränkt wird. Insbesondere das viel zu starre physische Gehirn kann mit dem ätherischen nicht Schritt halten. Nun nach dem Tod ist der Ätherleib frei vom physischen Leib. Er bleibt aber für eine Zeit, die gerechnet vom Augenblick des Todes durchschnittlich drei Tage, selten weniger als zwei oder mehr als vier, dauert, noch mit dem Astralleib verbunden. In dieser Zeit besteht für den Toten eine nahezu *vollkommene* Erinnerung an das letzte Erdenleben, das sich ihm in Form des Lebenspanoramas darbietet. Er steht jetzt dem sich ganz in den Kosmos ausgebreiteten Ätherleib *gegenüber*.

Solange der Verstorbene noch in dem mächtigen Panorama sein Erdenleben schaut und sich langsam in sein neues Dasein einzugewöhnen lernt, befindet er sich in der Ätherwelt.

Nach durchschnittlich etwa drei Tagen verglimmen die Bilder seines Lebenstableaus. Dann legt er seinen Ätherleib als seinen zweiten Leichnam ab. Er legt aber nicht den gesamten ätherischen Leib ab, sondern nur den größten Teil. Dieser löst sich nicht auf, sondern wird in den Weltenäther einverwoben. Einen eher kleinen Teil des Ätherleibes behält der Verstorbene. Dieser Anteil verbleibt ihm wie eine Essenz oder ein Extrakt als Erträgnis bzw. Frucht seines Lebens. In diesem Extrakt, der dem Menschen auf der Wanderung durch seine zukünftigen Erdenleben niemals verlorengehen kann, sind insbesondere die Erinnerungsbilder *sämtlicher* Erdenleben einverwoben. Man könnte ihn auch als »Lebensbuch« bezeichnen. Dieses ist um so reichhaltiger, je öfter er schon auf der Erde inkarniert war.

Während wir bisher den Menschen, der durch die Pforte des Todes geschritten ist, immer als »Verstorbenen« oder »Toten« bezeichnet haben, wollen wir ab jetzt einfach von dem »Menschen« oder der »Seele« reden. Denn ein Mensch bzw. eine Seele ist und bleibt er auch nach seinem Tod. Etwas genauer könnten wir auch von der »menschlichen Individualität« oder dem »Ich« sprechen, denn das ist ja die unsterbliche Instanz, die nach dem Tod erhalten bleibt und durch die wiederholten Erdenleben schreitet. Da der Mensch sich nach dem Tod immer mehr in die Weiten der planetarischen Sphären ergießt, wurde er von Rudolf Steiner häufig auch als *»Sphärenmensch«* bezeichnet.

Etwa drei Tage nach dem Schwellenübertritt endet für den Menschen das kurze Leben in der Ätherwelt. Er betritt nun die erste Region der Seelenwelt.

Durch das Sanskritwort *»Kamaloka«* werden die ersten *vier* Regionen der Seelenwelt mit einem zusammenfassenden Namen bezeichnet, der mit *»Ort der Begierden«* oder *»Ort des Verlangens«* übersetzt werden kann. Natürlich darf man den Begriff »Ort« auch hier nicht wörtlich nehmen. Selbstverständlich ist auch mit Kamaloka wieder ein bestimmter Bewusstseinszustand bzw. eine bestimmte Erfahrungs- oder Seinsebene gemeint. Das Kamaloka ist nichts anderes als das, was im Katholizismus »Fegefeuer« oder »Purgatorium« genannt wird.

Solange der Mensch die Erlebnisse durchzumachen hat, die er im Kamaloka haben kann, dehnt er sich so weit aus, bis er in etwa den kugelförmigen Raum ausfüllt, der sich durch die Umlaufbahn des Mondes um die Erde als äußere Grenze ergibt. Für ihn entsteht der Eindruck, wie wenn der Erdenkörper bis dahin erweitert wäre, wo der Mond die Erde umkreist. Der Mensch wird so groß, dass seine äußerste Grenze mit der Sphäre zusammenfällt, die durch die Stellung des Mondes markiert wird. So wie er sich im Erdenleben durch seine Haut begrenzt und abgeschlossen gefühlt hat, fühlt er sich jetzt durch die Mondenbahn begrenzt. Er wird also in gewisser Weise zum ›Mondbewohner‹. Das ist natürlich nicht etwa so zu verstehen, dass er nun auf dem Mond herumspaziert, sondern dass sich sein Bewusstseinshorizont bis zu dem Umkreis *erweitert*, den der Mond um die Erde nimmt, so dass er einen Zugang zu allem erhält, was sich in dieser Sphäre abspielt, was dort webt und west. Völlig analog ist auch der Zusammenhang zwischen den übrigen Regionen der Seelenwelt bzw. der Geisteswelt und den anderen Planeten zu denken (☞ Anhang, S. 87).

Von seinem ursprünglich viergliedrigen Wesensgefüge ist dem Menschen jetzt nur noch sein Ich und sein Astralleib geblieben. In seinem astralischen Leib stecken noch alle Begierden, Triebe und Leidenschaften, insbesondere auch die niedrigen. Diese muss der Mensch im Kamaloka überwinden; er muss sie sich abgewöhnen, da sie ihm später den Einzug in die drei höchsten Regionen der Seelenwelt und dann in die Geisteswelt verwehren würden, wo diese keine Berechtigung haben.

Dieses Abgewöhnen könnte mit einer Entziehungskur verglichen werden. Dieser Prozess kann bei einem Menschen, der viele niedrige Begierden, Triebe, Gelüste und Süchte hatte, sehr qualvoll sein und lange dauern.

Eine weitere ganz zentrale Aufgabe, die der Mensch in seinem Kamalokaleben zu erfüllen hat, besteht darin, dass er sich schonungslos Rechenschaft über sein letztes Erdenleben geben muss. Ihm wird nun überdeutlich gewahr, was seine Gedanken, Worte und Taten bei seinen Mitmenschen bewirkt haben. Er fühlt nun gewissermaßen in *seinem Inneren*, wie diese Gedanken, Worte und Taten andere Menschen geschmerzt haben. Dadurch erwächst in ihm der Wille, diesen Menschen im nächsten Erdenleben wieder zu begegnen, um seine Fehler wieder gutmachen, um sie karmisch ausgleichen zu können. In einem Nahtod-Bericht heißt es dazu: *»Man spürt seine Gefühle und auch die der anderen, denen man wehgetan hat, auch ihren Schmerz und ihre Gefühle spürt man. Das dient dazu, dass man nun aus einer anderen Perspektive erkennt, was für ein Mensch man war und wie man andere behandelt hat. Dabei beurteilt man sich selbst härter als jeder andere.«*[23] Selbstverständlich durchlebt er nicht nur die Schmerzen, sondern auch die Freuden und Wohltaten, die er einem Mitmenschen bereitet hat. Erst jetzt kann er wirklich *wissen*, welche Bedeutung seine Handlungen und Worte für seine Mitmenschen hatte. Der Sphärenmensch erkennt jetzt insbesondere, wie und wodurch er sich an seinen Mitmenschen verschuldet hat. Er weiß, dass er das erst wieder im nächsten Erdenleben ausgleichen kann. Dadurch wird sein Karma bereits keimartig veranlagt.

Dieses Kamalokaleben wird nach irdischer Zeitrechnung in etwa einem Drittel der Dauer seines letzten Erdenlebens entsprechen. Wenn also der Mensch beispielsweise mit 75 Jahren gestorben ist, so wird diese Phase etwa 25 Jahre dauern. Anschließend wird er den größten Teil seines Astralleibes ablegen. Auch hier nimmt er einen Extrakt auf seinen weiteren Weg mit. Nun bleibt ihm zunächst nur noch sein Ich als einziges ureigenes Wesensglied. Es ist aber nicht so, dass sein Ich das einzige Wesensglied in den höheren Welten bliebe. Ähnlich wie der Mensch seinen Wesenskern mit dem ätherischen, astralischen und physischen Leib umhüllt, wenn er ins Erdenleben tritt, umhüllt er sein Ich nach dem Tod nach und nach mit *»Geistgliedern«*, die ihm von der geistigen Welt *verliehen* werden. Wenn er die Anwartschaft für die Sonnensphäre gewonnen hat, ist er wieder ein viergliedriges Wesen.

Nachdem der Sphärenmensch das Kamaloka durchlaufen und sich dadurch eine bestimmte Reife erworben hat, kann er nun mit voller Hingabe an die höheren Welten eine neue Daseinsstufe betreten. Er kommt jetzt stufenweise – nach und nach – in die drei höchsten Regionen bzw. Sphären der Seelenwelt. Zunächst kommt er in die Merkursphäre (5. Region der Seelenwelt), dann in die Venussphäre (6. Region) und schließlich in die Sonnensphäre (7. Region). Seine geistig-seelische Wesenheit dehnt sich also immer mehr aus. In diese Regionen leuchtet die eigentliche Geisteswelt schon hinein. Hier beginnt schon eine Art *geistiger* Bezirk der Seelenwelt. Das Empfinden und Erleben, das die Seele nun haben kann, hat eine ganz andere Qualität. Während der Kamalokazeit war die Seele noch stark mit sich selbst beschäftigt und in ihre Leiden verstrickt.

Das, was der Mensch jetzt noch in den restlichen drei Regionen der Seelenwelt durchzumachen hat, kann auch noch eine läuternde, reinigende Funktion haben. Er ist immer noch nicht reif, die Geisteswelt zu betreten. Die Seele muss sich jetzt noch von solchen Angewohnheiten befreien, die zwar nicht mehr egoistischer oder grob-sinnlicher Natur sind, aber doch noch ganz wesentlich auf Sinnliches bezogen sind. Allerdings sind die Erfahrungen, die sie hier macht, nicht mehr durch so starke Leiden und Qualen gekennzeichnet, wie es im Kamaloka der Fall sein konnte. Einige Erlebnisse können sogar als äußerst angenehm, als geradezu beglückend empfunden werden.

Die Dauer des Aufenthaltes in der jeweiligen Region hängt ganz wesentlich von der Verwandtschaft ab, die der Mensch zu dem hat, was dort erlebt werden kann oder noch ausgetilgt werden muss.

Wenn man Menschen, die an ein Leben nach dem Tod glauben, fragt, welche Hoffnungen oder Wünsche sie mit einem solchen Leben verknüpfen, so hört man meistens, dass sie hoffen, kein einsames Leben in den übersinnlichen Welten führen zu müssen. Insbesondere wünschen sie sich, nach dem Tod wieder mit denjenigen Menschen vereint zu sein, die ihnen lieb und teuer waren. Diese Hoffnung wird voll und ganz erfüllt werden.

Bereits kurz nach dem Schwellenübertritt wird der Mensch – wie bereits geschildert – den Seelen der Verstorbenen begegnen, denen er im gemeinsamen Erdenleben nahestand. Solange er noch im Kamaloka weilt, wird er nur eine Wahrnehmung für solche Menschenseelen haben, die mit ihm karmisch verbunden sind. Das Zusammenleben, das Beieinandersein, das die Menschen nach dem Tod pflegen können, wird nun ungleich inniger, intensiver und realer sein, als das im Erdendasein jemals möglich war. Jetzt gibt es keine physischen oder räumlichen Barrieren mehr, die ein solches Zusammensein behindern oder einschränken könnten. Keiner kann sich mehr verstellen oder dem anderen etwas vorspielen. Das Seelenleben eines jeden ist offen ausgebreitet. Es bedarf keiner Sprache mehr, um miteinander kommunizieren zu können. Die Gedanken und Gefühle des einen sind für den anderen unmittelbar wahrnehmbar.

In den drei höchsten Regionen der Seelenwelt kann sich für den Sphärenmenschen allmählich der Horizont für andere Wesen öffnen, insbesondere auch für andere menschliche Seelen, denen er im irdischen Dasein niemals begegnet ist. Er wird seinen Bekanntenkreis immer mehr erweitern, so dass er nun ein Zusammenleben mit vielen Sphärenmenschen führen kann. Auch kommt er jetzt immer mehr mit den erhabenen Wesen der höheren Hierarchien zusammen, die ihm in vielerlei Hinsicht zu großen Helfern und Wohltätern werden.

Das Leben in der Geisteswelt

Nachdem der Sphärenmensch die Seelenwelt durchlaufen hat, was im Durchschnitt sehr viele Jahrzehnte dauern wird, ist er reif, in die eigentliche geistige Welt, die in den meisten Religionen als »Himmel« bezeichnet wird, einzutreten. Rudolf Steiner verwandte für diese Welt meistens die Begriffe *»Geisteswelt«* oder *»Devachan«*, was wörtlich übersetzt »Gottesgebiet« heißt.

Es sei nochmals ausdrücklich erwähnt, dass man sich die Geisteswelt nicht als ein abgesondertes Gebiet fernab der Erdenwelt und der Seelenwelt vorstellen darf. Die Erdenwelt, die Ätherwelt, alle Regionen der Seelenwelt sowie die Geisteswelt mit ihren Regionen und Sphären sind vielmehr miteinander verwoben; sie durchdringen sich gegenseitig. Auch sollte man nicht die naive Vorstellung haben, dass in der Geisteswelt lediglich eine ›Stofflichkeit‹ anzutreffen sei, die zwar viel feiner als die der materiellen Welt, aber im Grunde doch ganz gut mit dieser zu vergleichen sei.

In der Seelenwelt hat der Mensch alles abgestreift, was ihn noch an sein letztes Erdenleben gekettet und was in der Geisteswelt keine Berechtigung hat. Auch sein künftiges Schicksal wurde schon keimartig veranlagt. Er hat erkannt, dass seine Leiden, die er in der Seelenwelt – namentlich im Kamaloka – ertragen musste, als Folge seiner Unzulänglichkeiten und Unvollkommenheiten aufgetreten waren. Mittlerweile hat er alle Impulse und Willenskräfte aufbringen können, durch die er sich das nächste Erdenleben so gestalten kann, dass er in diesem im Sinne eines Ausgleichs und seiner geistig-seelischen Evolution wirken kann. Die durchschnittliche Verweildauer in der Geisteswelt ist stark davon abhängig, wie weit der Mensch schon in seiner geistig-seelischen Entwicklung vorangekommen ist. Wenn er nur wenig an spirituellen Gedanken und Vorstellungen mitbringt, so kann die Geisteswelt ihm nicht viel bieten. Je höher er bereits entwickelt ist, desto länger und intensiver wird sein Aufenthalt in diesen Sphären sein. Während er in der Seelenwelt noch vorwiegend mit sich und der Verarbeitung seines letzten Lebens beschäftigt war, kann er nun vergessen, was ihm die Kamalokazeit möglicherweise so schwer gemacht hat. Er kann sich jetzt ›öffnen‹ und völlig Neuartiges erleben und dieses Erleben aktiv mitgestalten. Insbesondere muss er hier die Kräfte erringen, die er zum Aufbau und zur Gestaltung seiner Leiblichkeit für die nächste Inkarnation benötigt. Auch wird er hier die Ausgestaltung des Planes seiner nächsten Inkarnation verfeinern. Alle Fähigkeiten, die er sich aufgrund seiner irdischen Erlebnisse und deren Aufbereitung in der Seelenwelt erworben hat, verbleiben ihm als eine Essenz. Diese unvergängliche Essenz nimmt er auch in die Geisteswelt mit.

Die ersten drei Regionen der Geisteswelt korrespondieren mit den drei obersonnigen Planetensphären (Mars, Jupiter und Saturn). Die geistige Wesenheit des Menschen dehnt sich also immer weiter aus.

In der Geisteswelt muss der Mensch sich gewissermaßen das Rüstzeug erwerben, das er dann in sein neues Erdenleben mitbringen kann, um in diesem in der rechten Weise schaffen und seine Aufgaben erfüllen zu können. Insbesondere dann, wenn es ihm im Erdendasein gelungen ist, ein liebevolles Verhältnis zu seinen Mitmenschen und eine religiöse Gesinnung zu gewinnen sowie sich mit Spiritualität zu durchdringen, kann er diese Eigenschaften nun so ausleben und vertiefen, dass er im nächsten Erdenleben in dieser Hinsicht noch vollkommener sein kann. Rudolf Steiner führt in seinem Buch »*Theosophie*« zur Verdeutlichung ein vergleichendes Beispiel an, das hier sinngemäß wiedergegeben werden soll.[24]

Wenn jemand ein Haus errichten möchte, so wird er sich nicht einfach mit ein paar Arbeitern auf dem Bauplatz einfinden, um dann gleich planlos mit der Arbeit anzufangen. Er wird zunächst einen Architekten beauftragen, der in seinem Büro den Bauplan entwirft. Gemäß diesem Plan wird dann später das Haus errichtet. Bei der Ausführung des Baues werden sich noch gewisse Unzulänglichkeiten herausstellen. Der Architekt wird also seine Erfahrungen sammeln und dazulernen. Beim nächsten Plan wird er es schon besser machen. Je öfter er dann ein Haus geplant und gebaut hat, je mehr Erfahrungen er also gemacht hat, desto gelungener und vollkommener wird das Haus werden. Genau das ist aber auch der Sinn der vielen menschlichen Inkarnationen. Die Erdenwelt entspricht dem Bauplatz, auf dem der verkörperte Mensch seine Erfahrungen und Lernprozesse machen kann. Nach seinem Tod, wenn er in der geistigen Welt ist, die dem Büro des Architekten entspricht, kann er seine Erfahrungen auswerten und das Rüstzeug erwerben, um es im nächsten Leben besser zu machen. Auf diese Art kann der Mensch durch die Impulse und Kräfte, die er sich jeweils aus der Geisteswelt holt, in folgenden Erdenleben immer vollkommener werden.

Grundsätzlich ist es auch in der Geisteswelt wieder so, dass der Mensch die Seelen der Menschen wiederfinden wird, mit denen er im Erdenleben eng verbunden war. Alle Seelen hängen durch ihre gemeinsamen irdischen Erlebnisse und Berührungspunkte wie in einem großen Geflecht zusammen. Nun, nachdem sie sich von den letzten irdischen und auch seelischen Fesseln und Schranken befreit haben, kann ihr Zusammensein noch viel inniger und intensiver sein, als es in der Seelenwelt oder gar im Erdendasein der Fall war. Auch hier gibt es weder den dreidimensionalen Raum noch die irdischen Zeitverhältnisse, die ein Zusammenkommen erschweren könnten.

Auch jetzt hat der Sphärenmensch noch eine Wahrnehmungsmöglichkeit für die Menschen, die auf der Erde verkörpert sind. Natürlich hat er längst keine physischen Organe mehr, so dass er deren Gestalten nicht sehen kann. Physische Farben und Formen kann er nicht mehr wahrnehmen. Das, was er von einem auf der Erde wandelnden Menschen wahrnehmen kann, ist dessen ›geistiges Gegenbild‹. Alles, was man mit physischen Sinnen wahrnehmen kann, hat in der Geisteswelt ein solches Gegenbild. Wenn der Erdenmensch irgendeine Verrichtung macht oder eine Veränderung erfährt, so kann der Sphärenmensch das entsprechende geistige Gegenbild sehen. Auf diese Art kann er gewahr werden, was der Erdenmensch denkt und tut und wie es ihm ergeht.

Ein ganz wesentlicher Unterschied zwischen dem Leben in den übersinnlichen Welten – namentlich in der Geisteswelt – und dem Erdenleben besteht darin, dass es in den höheren Welten kein Schlafen, Ruhen oder Pausieren gibt. Alles ist in fortwährender schaffender Tätigkeit. Auch der Mensch ist aufgerufen, an diesem Schaffen mitzuwirken. So schafft er etwa an der Ausgestaltung des Geistkeimes seines physischen Leibes, der ihn im nächsten Erdenleben bekleiden soll, sowie an dem Lebens- bzw. Schicksalsplan für seine nächste Inkarnation. Selbstverständlich wird er bei diesen unfassbar komplexen Tätigkeiten von hohen und höchsten Geistwesen angeleitet und unterstützt. Dieser Prozess des Schaffens, des Hervorbringens ist ein ganz wesentlicher Quell dafür, dass der Mensch in der Geisteswelt das Gefühl der Seligkeit verspürt.

Die vier höchsten Regionen der Geisteswelt befinden sich außerhalb unseres planetarischen Kosmos in den »*Tierkreisregionen*« bzw. im Bereich des »*Fixsternhimmels*«.

Für die meisten Seelen wird nun allerdings eine Herabdämpfung des Bewusstseins, eine kosmische Dämmerung eintreten. Selbst der Christus kann jetzt das Bewusstsein des Menschen nicht mehr aufrechterhalten. Gerade wegen dieses Dämmerzustandes, der allerdings immer noch ungleich klarer ist als das Bewusstsein, das ein Erdenmensch im Schlaf hat, können aber nun die notwendigen Kräfte des gesamten Kosmos auf den Menschen wirken, der diese Kräfte aufnehmen kann, obwohl ihm das nicht zu Bewusstsein kommt. Der Mensch ist in dieser Phase ganz auf sich konzentriert und hat ein sehr starkes und erfülltes Erleben in seinem Inneren. Aber es fehlt ihm die Leuchtkraft, um die geistige Welt beleuchten zu können. Er hat nur noch ein Bewusstsein von sich selbst. Von dem Sein anderer Wesenheiten hat er jetzt kein Bewusstsein mehr. Das, was in den höheren Regionen der Geisteswelt erlebt und erfahren werden kann, ist nur den wenigen Seelen vorbehalten, die aufgrund ihres hohen geistig-seelischen Reifegrades diese bewusst durchleben können. Der Mensch behält aber alles in der Erinnerung, was er in der geistigen Welt in der Zeit, als seine Leuchtkraft noch stark genug war, erleben konnte.

Die zweite Hälfte des nachtodlichen Daseins

Während sich der Sphärenmensch in der ersten Hälfte seines nachtodlichen Lebens immer mehr in die Weiten des Kosmos ausgedehnt hat, beginnt seine geistige Wesenheit jetzt, sich immer mehr zusammenzuziehen. Es kommt also zum Abstieg durch die Planetensphären. Die jetzige Phase könnte man als *»Leben vor der neuen Geburt«* oder *»vorgeburtliches Leben«* bezeichnen.

Nun geht es insbesondere darum, die Vorbereitungen für das nächste Erdenleben, das mit der *Empfängnis* bzw. *Geburt* eingeleitet werden wird, zu treffen bzw. zum Abschluss zu bringen.

Nachdem der Mensch in der Geisteswelt so viel Großartiges und Beseligendes erlebt hat, könnte man ja vermuten, dass es jetzt sein größter Wunsch sei, für immer in dieser Welt zu verbleiben. Ähnlich wie ein Mensch – wenn Sie diesen plakativen Vergleich gestatten –, der nie eine Schule besucht und keinen Beruf erlernt hat, auch in der menschlichen Gesellschaft ›mitschwimmen‹ könnte, könnte der Mensch in der Tat als geistiges Wesen mit seinen bis dahin erworbenen Fähigkeiten, aber auch mit all seinen Unvollkommenheiten und Unzulänglichkeiten in der Geisteswelt verbleiben. Allerdings wäre es ihm dann nicht mehr möglich, eines ur-urfernen Tages das großartige und höchst erhabene Götterziel, ein schöpferisches, selbstbewusstes, freies, göttlich-geistiges Wesen werden zu können, zu erfüllen. Nun treten die geistigen Wesen der höheren Hierarchien auf den Plan, die ihn ermuntern, sich wieder auf der Erde zu verkörpern.

Aber auch in dem Sphärenmenschen selbst macht sich der Drang zu einer erneuten Verkörperung geltend. Mit zunehmender Zeit empfindet er ein immer stärker werdendes Verlangen, wieder ins Erdenleben zurückzukehren. Er erwartet mit immer größer werdender Sehnsucht, wieder durch eine Geburt ins physische Dasein zu gelangen. Es wird in ihm langsam die Sehnsucht wach, wieder eine Außenwelt um sich herum zu haben. Diese Sehnsucht ist eine schöpferische Kraft, die sich in eine neue Art von Seelenlicht verwandelt, die ihm eine Außenwelt beleuchten kann, die aber doch eine Innenwelt ist. Diese Innenwelt gibt nun den Blick auf seine vergangenen Erdenleben frei. Diese früheren Inkarnationen sind jetzt vor seinem Geistesauge ausgebreitet. Diese Bilderwelt seiner früheren Erdenleben steht jetzt zwar als Außenwelt da, aber als eine Außenwelt, die doch nur eine *vergangene* Außenwelt ist.

In seinem neu erwachten Bewusstsein erkennt der Sphärenmensch jetzt sehr deutlich, was in diesen früheren Erdenleben noch an Schwächen, Mängeln und Unvollkommenheiten vorhanden war. Es entsteht nun ein starkes Verlangen, diese Unzulänglichkeiten wieder auszugleichen. Die Seele empfindet den instinktiven Drang nach einer neuen Verkörperung. Aus dem Dämmerdunkel der Geisteswelt treten nun immer mehr Erlebnisse an die Seele heran. Insbesondere tauchen jetzt die Verbindungen und Beziehungen zu den nächststehenden Mitmenschen auf. An der Art und Weise ihres Auftauchens kann die Seele erkennen, was sie ihnen gegenüber noch schuldig geblieben ist, was sie wieder gutmachen muss. Durch dieses Anschauen des namentlich letzten Erdenlebens mit all denjenigen ›Überbleibseln‹, die einer Korrektur bedürfen, bildet sich eine gewaltige Kraft aus, welche die Seele schließlich wieder in eine neue Inkarnation treibt.

Bei seinem Abstieg durch die Planetensphären wird das Bewusstsein des Sphärenmenschen stufenweise abgedämpft. Aber selbst wenn er in der Merkursphäre ist, ist sein Bewusstsein noch heller, als es im Erdenleben jemals möglich sein könnte.

In der Mondensphäre verbleibt der Mensch nur sehr kurze Zeit. Der Eintritt in diese Sphäre fällt zusammen mit dem Zeitpunkt der Empfängnis. Somit wird er sich hier zehn Mondenmonate lang aufhalten. Es ist dieselbe Zeit, die auf der Erde zwischen Empfängnis und Geburt eines Menschen verläuft. In dieser Sphäre wird sein Bewusstsein so weit herabgedämpft, dass es jetzt bloß noch Wachstumskraft sein kann. Seine Entwicklung in dieser kurzen Zeit besteht also darin, sein Bewusstsein, das in der Merkursphäre noch recht hell war, zu jenem Traumbewusstsein herabzudämpfen, das ein Mensch hat, wenn er ins Erdenleben eintritt. Der Mensch ist bei seinem Rückweg für die Mondensphäre nicht empfänglich. Er geht gewissermaßen unberührt durch sie hindurch. Er zieht sich so zusammen, dass er sich vereinigen kann mit dem Menschenkeime im mütterlichen Schoß, der ein Abbild des gesamten Kosmos darstellt.

Wenn der Mensch von den Mondenkräften ergriffen wird, entfällt ihm der Geistkeim des physischen Leibes, an dem er selbst so lange mitgearbeitet hat. Kurz darauf tritt auf der Erde die Empfängnis für den physischen Leib ein. Da hinunter strömt nun sein geistig-physischer Organismus, der sich in den winzigen physischen Menschenleib zusammenzieht.

Die sogenannten »Toten«
bedürfen der Hilfe ihrer Hinterbliebenen

Die Toten starben nicht. Es starb ihr Kleid.
Ihr Leib zerfiel, es lebt ihr Geist und Wille.
Vereinigt sind sie dir zu jeder Zeit
in deiner Seele tiefer Tempelstille.

In dir und ihnen ruht ein einiges Reich,
wo Tod und Leben Wechselworte tauschen.
In ihm kannst du, dem eigenen Denken gleich,
den stillen Stimmen deiner Toten lauschen.

Und reden kannst du, wie du einst getan,
zu deinen Toten lautlos deine Worte.
Unwandelbar ist unsres Geistes Bahn
und ewig offen steht des Todes Pforte.

Schlagt Brücken in euch zu der Toten Land,
die Toten bau'n mit euch am Bau der Erde.
Geht wissend mit den Toten Hand in Hand,
auf dass die ganze Welt vergeistigt werde.

Manfred Kyber

Es gehört zu den schmerzlichsten Erfahrungen, die ein Verstorbener machen kann, wenn er erkennen muss, dass seine Hinterbliebenen nicht mehr ganz real und konkret mit seiner Existenz rechnen und keinerlei Verbindung zu ihm aufnehmen. Wäre es ihnen möglich, in einer Sprache zu reden, die an unser Ohr dringen kann, so würden sie uns zurufen: »Hallo! Glaubt ihr etwa, wir wären tot?! Helft uns, so wie wir euch auch helfen!«

Es dürfte wohl zu den größten Tragödien unserer Zeit gehören, dass uns eine tiefe, schier unüberwindbare Kluft von unseren sogenannten Toten zu trennen *scheint*. Selbst diejenigen Zeitgenossen, die davon überzeugt sind, dass ihre lieben Verstorbenen in einer anderen Welt weiter*leben*, vermögen ihnen außer einem mehr oder weniger würdigen Begräbnis und ihrer Trauer, die zudem für die Toten noch sehr bedrückend und hinderlich sein kann, nichts zu geben.

Der Umgang mit der eigenen Trauer

Jeder von uns, der schon einmal den Tod eines ihm sehr vertrauten und liebgewonnenen Menschen zu beklagen hatte, weiß um die Gefühle, die einen in einer solchen Situation überfallen. In den ersten Tagen nach Eintritt des Todes ist man manchmal noch in einer Art Schockzustand; man ist wie paralysiert. Aber spätestens nachdem der Körper des geliebten Menschen der Erde oder dem Feuer übergeben worden ist, wird einem nach und nach bewusst, was eigentlich passiert ist. Der liebe Verstorbene hat eine Lücke gerissen, die durch nichts und niemanden ausgefüllt werden kann. Man scheint seiner Trauer ohnmächtig und hilflos ausgeliefert zu sein. Diese Trauer ist völlig normal und sollte durchaus gelebt werden.

Nun ist der Trauernde aber nur der *eine* Mensch, der hier zu berücksichtigen ist. An die Situation des Betrauerten wird oftmals kaum gedacht, was wieder einmal deutlich macht, dass viele wohl doch nicht ganz ernsthaft und bewusst damit rechnen, dass dieser nach wie vor – und zwar realer denn je – existiert! So beachtet man nicht, dass die Gefühle der Hinterbliebenen auch eine Auswirkung auf den Verstorbenen haben können. Dieser kann nach wie vor das Seelische, also insbesondere auch die Emotionen der Menschen, die er zurückgelassen hat, wahrnehmen. Er bekommt also deren Gefühle, ihre Freude, Dankbarkeit, aber auch ihre Trauer und ihren Schmerz sehr wohl mit.

Man kann sich leicht vorstellen, dass es für den Menschen, nachdem er durch die Pforte des Todes gegangen ist, sehr bedrückend sein kann, wenn er diese tiefe Trauer seiner Hinterbliebenen verspürt. Sie kann ihm sogar die ersten Phasen seines nachtodlichen Lebens gewaltig erschweren. Besonders hinderlich für seine weitere Entwicklung kann es sein, wenn er den Wunsch wahrnehmen kann, dass man ihn am liebsten wieder auf der Erde zurückhaben möchte. Den Toten ist es eine große Erleichterung, wenn sie wahrnehmen können, dass die Trauernden sich in ihr Schicksal fügen und sich zu der Einsicht erheben können: **»Die waltende Weisheit hat ihn uns in der rechten Stunde nehmen wollen, weil sie ihn auf anderen Gebieten des Daseins braucht, als hier das Erdendasein ist.«**[25]

Es ist verständlich, dass wir unsere lieben Toten beweinen, aber über dieses Weinen müssen wir hinauskommen. Und wenn wir sie beweinen, dann sollten wir es in dem freudigen Bewusstsein tun, dass sie *leben*, ja sogar *realer* leben als wir! Wenn uns ein lieber Mensch wegstirbt, so sollten wir das lebendige Empfinden in uns rege machen, dass er uns lediglich vorangegangen ist, dass er lediglich eine andere Daseinsform angenommen hat. Der Verstorbene steht unserem Fühlen so gegenüber, wie ein Mensch, der in ein fernes Land gezogen ist, in das wir ihm erst später folgen können. Wenn wir uns diese Tatsache wirklich klarmachen, so kann das ein großer Trost sein. Das Einzige, was wir zu ertragen haben, ist eine gewisse Zeit, in der wir durch unseren Bewusstseinszustand von ihm getrennt sind.

Gemeinschaft mit den Verstorbenen

Wir sollten uns immer wieder ins Bewusstsein rufen, dass unsere teuren Verstorbenen stets in unserer Nähe, stets bei uns sind. Selbst wenn ihr Bewusstseinshorizont sich immer mehr in die Weiten des Kosmos ausbreitet, verlieren sie nicht die Fähigkeit, dasjenige wahrzunehmen, was sich auf der Erde und insbesondere in den Seelen ihrer Angehörigen und Freunde abspielt.

Wenn ein Mensch gestorben ist, der einem besonders lieb und vertraut war, so kann man durchaus bei nahezu allem, was man tut, die ganz konkrete Vorstellung in sich rege machen, dass er bei einem ist. Das ist er ja tatsächlich auch sehr häufig. **»Alles in unserer heutigen Zeit hängt davon ab, dass die Menschenseelen die Möglichkeit finden, gewissermaßen den Weg zu den Toten hinzugehen. Dann kommen ihnen die Toten entgegen. Man muss sich in einer gemeinschaftlichen Sphäre finden.«**[26]
Wir könnten dem Sphärenmenschen nun durchaus etwa erzählen, wie es uns geht, wie wir uns fühlen. Freilich dürfen wir ihm sagen oder zeigen, dass wir traurig sind und ihn vermissen. Diese Praxis kann auch den Hinterbliebenen helfen, ihre Trauer zu verarbeiten. Wie aber bereits erwähnt sollte man dem Toten nicht das Gefühl spiegeln, dass man ihn am liebsten wieder zurückhaben möchte.

Wenn wir mit einem Sphärenmenschen ›reden‹ möchten, so ist es im Grunde völlig unerheblich, *wann* oder *wo* wir das machen. Es macht dabei keinen Unterschied, ob wir laut, leise oder nur innerlich, gedanklich zu ihm sprechen. Freilich spielen Menschensprachen in den übersinnlichen Welten eigentlich keine Rolle mehr. Dennoch wird ein Toter die Sprache oder Sprachen, die er im Erdenleben gesprochen hat, noch viele Jahre verstehen. Solange er im Kamaloka weilt, stellt die Sprache kein unüberwindbares Hindernis dar. Dennoch ist es wichtig, dass wir alles, was wir verbal an einen Toten richten wollen, mit den entsprechenden Gedanken und Gefühlen durchpulsen sowie mit möglichst konkret vorgestellten

›inneren Bildern‹ verknüpfen. Bei dem, was wir sagen, muss es sich nicht unbedingt um große spirituelle Weisheiten handeln. Freilich macht es keinen Sinn, über materielle Dinge mit ihm zu sprechen, die nur im Erdensein eine Bedeutung haben. Würden wir ihm beispielsweise sagen, dass unser Fernseher kaputt ist oder dass wir uns ein neues Auto gekauft haben, so wäre das für ihn ein Nichts. Solche Dinge spielen in seiner Welt nicht die geringste Rolle. Um eine konkrete Gemeinschaft mit dem Verstorbenen haben zu können, dürfen wir ihm keine abstrakten, materiellen Gedanken schicken.

Damit er uns wirklich finden kann, damit er unsere Gedanken empfangen kann, ist es wichtig, dass wir uns *vorher* ein wenig auf ihn einstimmen. Dazu können wir uns sein Antlitz, seine Mimik sowie für ihn charakteristische Gesten oder seinen Gang visualisieren. Wir können in uns sein Lachen, den Klang seiner Stimme und für ihn typische Formulierungen rege machen. Wir können uns Erlebnisse, die wir mit ihm hatten, oder Gespräche, die wir mit ihm geführt haben, in Erinnerung rufen. Das sollten wir uns alles so konkret und lebendig wie möglich im Bilde vorstellen.

Totengedenktage

In der Tradition der christlichen Kirchen gibt es die speziellen Bräuche an den besonderen »Totengedenktagen« wie »Totensonntag«, »Allerheiligen« und »Allerseelen«, die für die Verstorbenen sehr wohltuend sein können. Die Erinnerungen an die Verstorbenen, die wir an diesen Gedenktagen in unserer Seele aufleben lassen, haben für sie eine große Bedeutung. **»Von demjenigen, was tieferes unterbewusstes ›Bewusstsein‹ ist, werden diese Dinge gewusst, und das Leben wurde auch immer danach eingerichtet. Darum wurde Wert darauf gelegt von den menschlichen Gemeinschaften, dass Allerseelentage, Totentage und dergleichen gefeiert werden.«**[27]

Wenn wir an einem dieser Tage die Gräber unserer lieben Verstorbenen aufsuchen, so sollten wir das nicht gedankenlos oder nur, weil es eben Brauch ist, tun. Vielmehr sollten wir mit ganzer Seele und aus tiefstem Herzen des jeweiligen Sphärenmenschen gedenken, indem wir uns auf ihn in der Weise einstimmen, wie wir das oben kurz beschrieben haben, bevor wir uns mit einem Gebet oder einer Fürbitte an ihn wenden.

Dass diese Form des Gedenkens für die Toten zum Labsal werden kann, wird deutlich, wenn wir die folgende Aussage Rudolf Steiners berücksichtigen, die er aufgrund seiner Geistesschau geben konnte: »Wenn man auf einen Friedhof geht, am Totensonntag oder am Allerseelentag, und dort viele Menschen sieht, die in dieser Zeit erfüllt sind von dem Bilde ihrer teuren Toten, und man blickt dann hinauf in die Seelen derer, an die da erinnert wird, dann sind das die Dome, die Kunstwerke für diese Toten. Dann durchleuchtet das, was ihnen da von der Erde hinaufstrahlt, für diese Toten die Welt wie ein herrlicher Dom, der uns Geheimnisse kündet, uns die Welt durchleuchtet, oder wie ein Bild, das uns lieb und wert ist, einen lieben Menschen vergegenwärtigt.«[28]

Gedenken der Verstorbenen im privaten Kreis

Das Gedenken unserer lieben Toten einschließlich des Sprechens von Gebeten können wir selbstverständlich auch immer wieder einmal im Familienkreis oder allein daheim pflegen. Die Toten sind ja überall, immer um uns herum, so dass wir sie von *jedem* Ort aus erreichen können. Es ist für unsere Verstorbenen von eminenter Bedeutung, dass wir des Öfteren ganz gezielt und bewusst Kontakt zu ihnen aufnehmen. Es wäre für sie in der Tat fatal, wenn sie erkennen müssten, dass sie uns gleichgültig wären oder dass wir nicht ganz real mit ihrer Existenz rechneten.

Bevor man mit einer solchen Gedenkfeier oder Andacht, in der man sich an den Toten wendet, beginnt, sollte man sich durch eine gezielte Vorbereitung in die rechte Gemüts- bzw. Seelenstimmung zu bringen versuchen. Man sollte einen Zeitpunkt wählen, der einem wirklich gestattet, sich ohne Zeitdruck und mit Muße auf den Verstorbenen einzustimmen. So sollte man sich einen Raum suchen, in dem man eine Zeit lang wirklich ungestört sein kann. Manchmal können schon zehn oder fünfzehn Minuten durchaus hinreichend sein. Auf einen Tisch *könnte* man etwa eine brennende Kerze und vielleicht noch ein Foto des Verstorbenen stellen. Zu Beginn der Gedenkfeier sollte man den Verstorbenen *einladen*. Das kann dadurch geschehen, dass man sich ganz auf ihn konzentriert, dass man sich ganz auf ihn einlässt. Vielleicht vertieft man sich in sein Foto, vielleicht ruft man sich eine ganz bestimmte Mimik oder Geste, die ihm zu Lebzeiten eigen war, oder ganz bestimmte Worte oder Aussprüche, die für ihn charakteristisch waren, in Erinnerung. Vielleicht erinnert man sich so lebhaft wie möglich an ein gemeinsames Erlebnis oder ein Gespräch, das man mit dem Sphärenmenschen hatte, als dieser noch ein Erdenmensch war. Je intensiver man sich da hineinversetzen kann, desto leichter wird der Tote einen finden und der Einladung folgen. Hierbei sollte man es dazu bringen, mit Gedanken der Liebe und Dankbarkeit zu ihm aufzuschauen. Wenn man es nicht zu einem innigen Gefühl der Dankbarkeit dafür bringt, dass man mit dem lieben Verstorbenen einige Zeit lang zusammen sein, dass man mit ihm ein gemeinsames Schicksal haben durfte, wird der Tote einen nicht leicht finden. Man muss ganz selbstlos an das denken, was der Verstorbene vor seinem Tod für einen bedeutet hat, und nicht an das, was man durch seinen Verlust empfindet. **»Gute Gedanken sind wie Balsam für die Toten. Nicht egoistische Liebe soll man ihnen senden, nicht trauern, dass man die Toten selbst nicht mehr hat; das stört den Toten und ist für ihn wie Bleigewicht. Die Liebe, die bleibt, die nicht Anspruch macht darauf, den Toten noch hier haben zu wollen, die nützt dem Toten und vermehrt seine Seligkeit.«**[29]

Wenn der Tote ein schwieriger Mensch war, mit dem man so seine Probleme hatte, sollte man sich dennoch bemühen, sich in seine liebenswerten Vorzüge hineinzuversetzen, die zweifelsohne jeder Mensch hat. Es ist durchaus auch möglich, dass man mehrere Verstorbene, die einem teuer waren, zu dieser Andacht einlädt. Sofern man eines Menschen gedenken möchte, der erst vor wenigen Tagen oder Wochen verstorben ist, so ist aber zu empfehlen, dass man sich dann *nur diesem* zuwendet. Wenn die Toten die liebenden Gedanken, die die Hinterbliebenen im wachen Tagesbewusstsein zu ihnen hinaufsenden, wahrnehmen, so sind ihnen diese genauso teuer wie etwa einem lieben Menschen, der in der Ferne lebt, ein Foto von uns, das wir ihm schicken, lieb und teuer ist. Das, was an solchen Gedanken und Gefühlen hinaufstrahlt, durchleuchtet ihre Welt.

Nun könnte man ein Gebet sprechen oder aus den Evangelien lesen. Welches Evangelium bzw. welches Kapitel man wählt, ist gar nicht so entscheidend. Die meisten Evangelientexte stellen einen urbildlichen Hintergrund *jeder* menschlichen Biografie dar. Selbstverständlich kann man auch eine Fürbitte sprechen. Es sollte eine möglichst konkrete Bitte gewählt werden. Diese muss natürlich realistisch sein und mit dem, was der Verstorbene in den übersinnlichen Welten gemäß den geisteswissenschaftlichen Erkenntnissen erlebt, in Einklang stehen. So könnte man etwa darum bitten, dass der Sphärenmensch sich mehr und mehr in sein jetziges Dasein einzuleben versteht, oder dass er die möglichen Leiden im Kamaloka als notwendig und förderlich zu erkennen und zu ertragen vermag, oder dass er die Wesen der höheren Hierarchien und dasjenige, was sie ihm an Kräften und Wohltaten reichen wollen, verstehen lernt, o.ä.

Nun kann man sich an den führenden Engel des Sphärenmenschen wenden und ihn ersuchen, die Liebe und die Bitte für seinen Schützling gewissermaßen zu ihm hinaufzutragen.

Dazu gab Rudolf Steiner den folgenden Gebets- oder Meditationsspruch:

> **Geist Deiner Seele, wirkender Wächter,**
> **Deine Schwingen mögen bringen**
> **unserer Seelen bittende Liebe**
> **Deiner Hut vertrautem Sphärenmenschen,**
> **dass, mit Deiner Macht geeint,**
> **unsere Bitte helfend strahle**
> **der Seele, die sie liebend sucht.**[30]

Der Engel, mit dem wir zusammenarbeiten dürfen, gibt seine Kraft zu unserer Liebe, die wir dem Wesen des Engels hingeben, hinzu.

Warum es so wichtig ist, sich zu Lebzeiten mit dem zu beschäftigen, was nach dem Tod auf uns zukommt

Das Licht für die höheren Welten
müssen wir in unserem Erdenleben entzünden!

Rudolf Steiner

Es gibt immer noch viele Menschen, die zwar einerseits von einem Leben nach dem Tod überzeugt sind, die aber andererseits die Meinung vertreten, es sei nicht notwendig, sich schon zu Lebzeiten damit zu befassen, was da so alles auf sie zukommen werde. Sie vertreten die Ansicht, dass sie schon noch früh genug erfahren würden, wie es dann ›da‹ so sei.

Wie absurd diese Ansicht ist, kann man sich anhand eines Beispiels verdeutlichen. Wenn ein Mensch vorhat, in ein fernes, ihm noch unbekanntes Land zu verreisen, so wird er diese Reise über Monate sehr sorgfältig planen und vorbereiten. Er wird viele Reiseführer lesen, im Internet recherchieren und mit Menschen reden, die dieses Land schon kennen, damit er so gut wie möglich weiß, was ihn da erwartet, mit welchen Bedingungen, Verhältnissen und Möglichkeiten er rechnen muss, usw. Auf die größte Reise, die jeder von uns eines Tages definitiv antreten wird, schickt uns der Tod. Wie bereits erwähnt sind die Verhältnisse in den übersinnlichen Welten radikal verschieden von allem, was wir aus der Sinneswelt kennen. Sollten wir uns auf diese große und lange Reise nicht besonders gut vorbereiten?!

Ein Mensch, der sich niemals damit befasst hat, was nach dem Tod auf ihn zukommt, wird vieles von dem, was in den höheren Welten geschieht, zwar wahrnehmen, aber überhaupt nicht verstehen und einordnen können. Man kann in die übersinnlichen Welten nichts hereintragen, was nicht bereits im Erdenleben angeknüpft wurde. Rudolf Steiner wurde nie müde, auf die Notwendigkeit hinzuweisen, dass die Menschen sich schon in ihrem Erdendasein gewisse Erkenntnisse sowie richtige Vorstellungen und Begriffe für die übersinnlichen Welten erwerben müssen. **»Die Sinne, die wir für das Geistige ausgebildet haben, hängen von dem Leben auf dieser Erde ab. Hier reifen wir aus für das Jenseits, hier bereiten wir uns die geistigen Augen und Ohren für das Jenseits.«**[31] Wenn wir es verschmähen, solche Vorstellungen und Begriffe aufzunehmen, wird uns vieles von dem, was sich in den höheren Welten abspielt, unverständlich bleiben müssen. Auch zu den Wesen der höheren Hierarchien könnten wir uns dann nicht in das rechte Verhältnis setzen, das erforderlich ist, um von ihnen die notwendigen Kräfte und Impulse für unsere nächste Inkarnation empfangen zu können. Die geistigen Welten würden uns weitgehend verhüllt bleiben. Nun sollte man nicht sagen: »Was ich (nach dem Tod) nicht weiß, macht mich nicht heiß.« Zum einen kann ein schwaches Bewusstsein nach dem Tod zu grausamen Angstzuständen führen, zum anderen können wir dann nicht in der rechtmäßigen Weise unser abgelegtes Erdenleben aufarbeiten und unser nächstes vorbereiten.

Das Leben jeder menschlichen Individualität umschließt nicht nur alle Erdenleben, sondern auch die jeweiligen Aufenthalte in den höheren Welten, die zwischen zwei irdischen Leben verlaufen, also die Leben zwischen Tod und neuer Geburt. Somit ist auch jedes Erdenleben nicht nur eine Vorbereitung für das nächste irdische Leben, sondern in erster Linie eine Vorbereitung für das folgende Leben in den übersinnlichen Welten. In jedem Leben kann man nur an das anknüpfen, was man im Leben zuvor veranlagt hat.

Nun zeigt sich das bereits angedeutete Problem: Ein hinreichendes Verständnis für die Wesenheiten und Geschehnisse der geistigen Welten kann man im Leben nach dem Tod eigentlich nur dann gewinnen, wenn man sich schon im Erdenleben darum bemüht hat. Einem Menschen, der in seinem Erdenleben ein krasser Materialist war, der also geistige Welten und Wesen sowie ein Leben nach dem Tod für einen Unsinn gehalten hat, werden die höheren Welten weitgehend finster und stumm bleiben. Es wird dann nicht etwa so sein, dass er sich seiner Existenz nicht bewusst wäre, aber er kann vieles, was dort geschieht, nicht wahrnehmen und das wenige, was er wahrnimmt, nicht begreifen. Diese gewaltige Verunsicherung kann quälende Ängste nach sich ziehen. Auch ein Mensch, der zwar von einem Leben nach dem Tod überzeugt ist, diesem aber im vorhinein keinen gedanklichen Raum gegeben hat, wird vielleicht die Geschehnisse wahrnehmen, aber überhaupt nicht verstehen können. Wenn sich etwa ein Mensch niemals bemüht hat, über die Wesenheiten der höheren Hierarchien, namentlich über seinen persönlichen Engel, zu gewissen Vorstellungen zu kommen, wird er diesen göttlichen Wesen nach dem Tod zwar begegnen, aber er wird nicht wissen, um welche Wesenheit es sich handelt und die große Bedeutung, die sie für ihn haben, nicht erkennen können.

Lassen wir wieder den großen Eingeweihten Rudolf Steiner zu Wort kommen: **»Es gehört geradezu zu den notwendigen Vorbedingungen eines** rechten Lebens nach dem Tode, dass die Menschen immer mehr und mehr hier vor dem Tode gewisse Vorstellungen sich erwerben über das Leben nach dem Tode, denn nur, wenn sie sich erinnern an diese Vorstellungen, die sie sich hier erworben haben, können sie sich orientieren in der Zeit zwischen dem Tod und einer neuen Geburt. Es ist sachlich unrichtig, wenn behauptet wird, man könne warten bis zum Tode mit solchen Vorstellungen, denn dieses leibfreie Leben würde für sie ein finsteres werden, ein unorientiertes werden.«[32] »Wäre der Christus nicht in der physischen Welt erschienen, so würde der Mensch versinken in der physischen Welt, könnte nicht in die geistige Welt eintreten. So aber wird er hinaufgehoben durch den Christus in die geistige Welt, dass er darinnen bewusst wird, darinnen sehen kann. Das hängt davon ab, dass er sich auch zu verbinden weiß mit dem, den der Christus gesandt hat, mit dem Geist; sonst ist er unbewusst. Der Mensch muss sich seine Unsterblichkeit erwerben, denn eine Unsterblichkeit, die unbewusst ist, ist noch keine Unsterblichkeit.«[33]

Ein Mensch, der sich während seines Erdenlebens bemüht hat und ernsthaft bestrebt war, die richtigen Begriffe und die richtigen Vorstellungen von dem, was er nach dem Tod erleben und erfahren wird, zu erwerben, wird sich, wenn er durch die Pforte des Todes gegangen ist, dessen erinnern und kann dann seine Erlebnisse – zumindest weitgehend – richtig einordnen. Es kommt gar nicht einmal so sehr darauf an, dass die Vorstellungen, die man sich im Vorhinein bildet, *völlig* mit den tatsächlichen Verhältnissen übereinstimmen. Die Vorstellungen, die nicht ganz den Tatsachen entsprechen, werden sich nach dem Tod gewissermaßen von selbst korrigieren.

Als vergleichendes Beispiel kann man noch einmal an eine Reisevorbereitung denken. Einem Menschen, der sich gründlich auf eine Reise vorbereitet hat, ist es durchaus möglich, schon vor Reiseantritt recht genaue Vorstellungen über das ferne Land zu gewinnen. Wenn er dann dort angekommen ist, so wird seine sorgfältige Vorbereitung ihm helfen, sich orientieren und einleben zu können. Alles, was er dann wahrnehmen und erleben wird, kann er mit seinen Vorstellungen vergleichen, die er sich vorher gebildet hat. In den meisten Fällen wird er seine Wahrnehmungen und Erlebnisse nun richtig einordnen können, weil sie sich mit diesen Vorstellungen decken. In einigen Fällen wird sich erweisen, dass die eine oder andere Vorstellung nicht ganz mit dem übereinstimmt, was er nun real erfährt. Diese Vorstellung korrigiert sich nun durch die konkrete Erfahrung aber von selbst.

Freilich ist es nie zu spät, sich mit dem zu befassen, was uns nach dem Tod erwartet. Dennoch sollte man damit nicht zu lange warten. Je eher wir uns mit diesen Gedanken beschäftigen, desto mehr können wir sie verinnerlichen, so dass sie nach unserem Schwellenübertritt fruchtbar werden können. Viele Menschen vertreten die Meinung: »Wenn ich mich zu sehr mit dem Tod und allem, was danach kommt, befasse, verliere ich die Freude am Leben.« Im Grunde ist aber das Gegenteil der Fall: Wenn wir uns in angemessener Weise mit diesem Themenkomplex sowie anderen geisteswissenschaftlichen Erkenntnissen beschäftigen, so kann uns erst der Sinn der ganzen menschlichen Existenz verständlich werden, was dazu führen dürfte, dass wir unsere gegenwärtige Inkarnation richtig schätzen und leben können!

Das Wissen darüber, dass wir nach dem Tod auch Schlimmes erleben können, sollte uns nicht erschrecken oder gar dazu führen, es zu verdrängen. Es sollte uns vielmehr anspornen, unser jetziges Erdenleben in der richtigen Weise einzurichten und uns um die notwendigen Erkenntnisse strebend zu bemühen.

****
****
****
****
****

Anhang

Rudolf Steiner, der Begründer der Anthroposophie

Rudolf Steiner wurde am 25. Februar des Jahres 1861 in Kraljevec (damals Österreich-Ungarn) geboren. Schon in seiner Kindheit, die er an verschiedenen Orten Österreichs verbrachte, erlebte er, dass sich ihm eine übersinnliche Welt eröffnete, die, wie er bald erkennen musste, für alle anderen Menschen aus seinem Umfeld nicht vorhanden war.

Über seine reichhaltigen übersinnlichen Erfahrungen und Erlebnisse hüllte er sich aber vier Jahrzehnte lang in Schweigen.

In seinen späteren Lebensjahren sagte er einmal, dass es ein okkultes Gesetz gebe, dass man über geistige Erkenntnisse erst dann öffentlich reden dürfe, nachdem man alles, was andere an solchen Erkenntnissen schon aufgenommen und dargestellt haben, selbst aufgenommen und verarbeitet habe.

Schon sehr früh wurde ihm klar, dass man alle Erscheinungen und Tatsachen der physischen Welt nur dann im wahren Licht sehen könne, wenn man ihre Ursachen und Hintergründe kennt, die ausschließlich in geistigen Welten zu finden sind.

Nach dem Abitur studierte Rudolf Steiner von 1879 bis 1882 an der Technischen Hochschule in Wien Mathematik, Naturwissenschaft, Literatur, Philosophie und Geschichte. Zehn Jahre später promovierte er zum Doktor der Philosophie an der Universität Rostock. In seinen ersten Lebensjahrzehnten ging er durch mancherlei seelische Prüfungen, bis es um die Wende zum 20. Jahrhundert zu einem für sein weiteres Leben entscheidenden Erlebnis kam, zu dem er in seinem Buch *»Mein Lebensgang«* (GA 28) schreibt: **»Auf das geistige Gestanden-Haben vor dem Mysterium von Golgatha in innerster ernstester Erkenntnis-Feier kam es bei meiner Seelen-Entwickelung an.«**[34]

Wir können uns vorstellen, dass diese innere Christusbegegnung wie eine gewaltige Frage vor seiner Seele stand, die Frage, ob er bereit sei, sein weiteres Leben in den Dienst Christi zu stellen. Wenn man auf seine rastlose Tätigkeit, seinen aufopfernden Dienst an der Menschheit in den folgenden rund 25 Jahren schaut, ist klar, dass er diese Frage mit einem uneingeschränkten »JA, ich will!« beantwortet hat.

Rudolf Steiner musste sich die Frage vorlegen, wie seine übersinnlichen Einsichten und Erkenntnisse mit den naturwissenschaftlichen Methoden und Ansichten, die das Bewusstsein der modernen Menschen beherrschten, zu vereinbaren seien. Zunächst knüpfte er an die bis dahin nur wenig gewürdigten Erkenntnis-Ansätze in Goethes naturwissenschaftlichen Schriften an, bevor er mit der Darstellung seiner eigenen Erkenntnistheorie begann, die 1894 mit der Fertigstellung seines Werkes *»Philosophie der Freiheit«* ihren Abschluss fand. Mit dieser rein philosophischen Arbeit, in der er noch nicht auf irgendwelche okkulte Tatbestände Bezug nahm, zeigte er einen Weg auf, der die moderne Wissenschaft zur Anerkennung des Übersinnlichen führen könnte.

Erst nach vielen Studien und vorbereitenden Tätigkeiten beendete er kurz nach der Jahrhundertwende im Alter von nun 40 Jahren sein Schweigen über seine übersinnlichen Erfahrungen und Erkenntnisse. Zunächst fand er nur in den Reihen der 1875 von *Helena Petrowna Blavatsky*, geb. *Hahn* und *H. St. Olcott* begründeten *»Theosophischen Gesellschaft«* eine geeignete Zuhörerschaft. Steiner wahrte stets seine völlige Selbständigkeit und stellte im Gegensatz zur üblichen theosophischen Lehre das »Christus-Ereignis« als den Mittelpunkt des Weltgeschehens dar. 1913 trennte er sich von der Theosophischen Gesellschaft und gründete die *»Anthroposophische Gesellschaft«*. Nun konnte er seine geistige Unabhängigkeit und Selbständigkeit auch im Äußeren bewahren. In der Zwischenzeit hatte er eine Reihe von Büchern geschrieben, in denen er seine geistigen Forschungsergebnisse der Öffentlichkeit zugänglich machte. Das Arbeitspensum, das er sich von nun an bis an sein Lebensende auferlegte, übersteigt jedes menschliche Vorstellungsvermögen. Dabei wurde er von der Einsicht angetrieben, dass es eine Notwendigkeit der gegenwärtigen Zeit sei, gesicherte geistige Erkenntnisse in die Welt zu bringen. Neben seinen weiteren permanenten Forschungen in der geistigen Welt und unzähligen anderen Betätigungen und Verpflichtungen fuhr er zu Vortragsreisen durch ganz Europa. Insgesamt hat er rund 6.000 Vorträge gehalten, in denen er seine umfassenden übersinnlichen Erkenntnisse und Forschungsergebnisse darstellte. Die Vorträge, die der breiten Öffentlichkeit zugänglich waren, wurden zum Teil von bis zu 1.000 Menschen besucht. Über intime Erkenntnisse sprach er nur im Kreise der Anthroposophischen Gesellschaft, wo er davon ausgehen konnte, dass die Zuhörer schon durch andere Vorträge oder Kurse für diese Themen vorbereitet waren. Dutzende seiner Vorträge hielt er für bestimmte Berufsgruppen, die ihn darum baten, zu ihnen zu sprechen: Ärzte, Lehrer, Theologen, Landwirte usw. Hier sorgte er immer wieder mit seinem höchst erstaunlichen Fachwissen für Verwunderung. Neben allen seinen sonstigen Verpflichtungen nahm sich Rudolf Steiner in seinen letzten Lebensjahren noch nahezu täglich die Zeit, unzählig vielen Menschen, die mit ihren kleinen und großen Sorgen zu ihm kamen, Rat zu geben.

Rudolf Steiner starb am 30. März 1925 in Dornach (Schweiz). Er hinterließ ein so umfassendes Lebenswerk, dass es noch Jahrhunderte dauern wird, bis es in seiner Gänze und all seinen Auswirkungen von der Menschheit überschaut und hinreichend gewürdigt werden kann. Zu seiner Hinterlassenschaft gehören etliche von ihm geschriebene Werke und mehr als 300 Bücher, die mittlerweile herausgegeben worden sind und Mitschriften seines Vortragswerkes darstellen. Mit seiner Anthroposophie hat er der Welt etwas Einzigartiges vermacht.

Dass Rudolf Steiner gerade zu Beginn des 20. Jahrhunderts von der geistigen Welt beauftragt wurde, den Menschen die Geisteswissenschaft zu bringen, ist gewiss kein ›Zufall‹. Im Jahre 1899 endete das sogenannte »Kali Yuga«, das »Finstere Zeitalter«, wie es in allen okkulten Traditionen genannt wird. Dieses Menschheitszeitalter dauerte insgesamt etwa 5.000 Jahre. In dieser Zeitspanne war es wichtig, dass der ›Schleier‹, der die geistige Welt von der Erdenwelt trennt, immer dichter, immer undurchsichtiger wurde. Die Menschen sollten – wie ja bereits kurz erwähnt wurde – immer mehr vor die Aufgabe gestellt werden, die Erde zu bearbeiten sowie die gesamte physische Welt zu ergreifen und zu verstehen. Somit musste auch das alte Hellsehen, das zuvor noch eine ganz natürliche menschliche Fähigkeit war, nach und nach verloren gehen. Die Menschen mussten von den Göttern unabhängig werden und ihre Selbständigkeit und Verstandeskräfte erringen.

Dazu war es auch notwendig, dass die Naturwissenschaften in die Welt kamen. Vor rund 2.400 Jahren war es *Aristoteles*, der mit seiner Begründung der »Logik« die Voraussetzungen bzw. Grundlagen für eine präzise und folgerichtige Erforschung der Natur schuf. Die Naturwissenschaften erreichten im 19. Jahrhundert ihren ersten großen Höhepunkt. Nun, nach Ablauf des Kali Yuga, wurde es notwendig, dass auch eine geistige Wissenschaft in die Welt kam.

Das war die gewaltige Lebensaufgabe Rudolf Steiners. Seine Anthroposophie ist keine okkulte Lehre im herkömmlichen Sinne. Sie verbindet das, was man über das Sinnliche wissen kann, mit dem, was an Erkenntnissen nur aus geistigen Welten geholt werden kann. Anthroposophie stellt gewissermaßen die *Synthese* zwischen den Lehren der großen christlichen Kirchen (These) und denen der Wissenschaften (Antithese) dar. Im Gegensatz zu den anderen Wissenschaftlern war Steiner einer, der die Grenze, welche die übersinnliche von der sinnlichen Welt trennt, zu überschreiten vermochte. Seine Darstellungen sind daher nicht nur wissenschaftlich, sondern *über*-wissenschaftlich. Somit kann die Anthroposophie auch mit Recht als »Geistes*wissenschaft*« bezeichnet werden. Sie ist eine ebenso präzise Geisteswissenschaft wie die Mathematik.

Rudolf Steiner sprach sich immer wieder entschieden gegen Dogmatismus aus, weil er jedwede Form von autoritativen Belehrungen als unzulässigen Eingriff in die menschliche Freiheit ansah. Daher wollte er für seine Anhänger auch niemals als ›Guru‹ gelten, dem man alle Aussagen nur aufgrund seiner persönlichen Autorität abnehmen sollte. Er forderte vielmehr immer wieder auf, seine Schilderungen mit allen zur Verfügung stehenden Mitteln kritisch zu hinterfragen und zu überprüfen. Die Lehren der Anthroposophie stehen weder im Widerspruch zu den Erkenntnissen der modernen Naturwissenschaften noch zu den Lehren des Christentums. Sie machen ganz im Gegenteil letztere erst so recht verständlich. Die Anthroposophie vermag es somit, die Kluft zwischen Wissen und Glauben zu überbrücken.

Es gibt heute im Übrigen eine ganze Reihe von Errungenschaften und Einrichtungen, die aus der Anthroposophie geflossen sind. Hierzu sind insbesondere die »Waldorfpädagogik« und die »Waldorfschulen«, die »anthroposophisch orientierte Medizin«, die »Eurythmie«, der »biologisch-dynamische Anbau« in der Landwirtschaft und die »Christengemeinschaft« (»Bewegung für religiöse Erneuerung«) zu zählen. In all diesen Fällen stand Rudolf Steiner denjenigen, die als Gründer auftraten, mit Rat und Tat zur Seite.

Die geistigen Wesen der höheren Hierarchien

Hierarchie	Reich (Stufe)	christliche Bezeichnung	*alternative* Bezeichnung (*vorwiegend* nach Rudolf Steiner)	Herrschaftsgebiet
1.	1	**Seraphim**	Geister der Liebe	Tierkreis
	2	**Cherubim**	Geister der Harmonien	Tierkreis
	3	**Thronoi** (Throne)	Geister des Willens	Saturnsphäre
2.	4	**Kyriotetes** (Herrschaften)	Geister der Weisheit, Weltenlenker	Jupitersphäre
	5	**Dynamis** (Mächte, Tugenden)	Geister der Bewegung, Weltenkräfte	Marssphäre
	6	**Exusiai** (Gewalten, Obrigkeiten)	Geister der Form, Offenbarer, Elohim (gemäß Genesis)	Sonnensphäre
3.	7	**Archai** (Urbeginne, Fürstentümer)	Geister der Persönlichkeit, Urengel, Urkräfte, Jamim (gemäß Genesis), **Zeitgeister**	Venussphäre
	8	**Archangeloi** (Erzengel)	Engel des Anfangs, Feuergeister, **Volksgeister**	Merkursphäre
	9	**Angeloi** (Engel)	Söhne des Lebens, Genius, Götterboten, **Schutzengel**	Mondensphäre

Die Existenz von »Engeln« gehört zu den Glaubensgrundlagen im Judentum, im Christentum sowie im Islam. Schließlich ist in den religiösen Urkunden dieser drei großen Religionen häufig von diesen Wesen die Rede. Diesen Bekenntnissen ist gemein, dass sie sich darunter geistige Wesenheiten vorstellen, die gewissermaßen zwischen Gott und den Menschen vermittelnd tätig sind. Allerdings werden diese Wesen häufig alle in einen Topf geworfen. Eine Unterscheidung bzw. Differenzierung wird im Allgemeinen nicht vorgenommen. Auch kann man den offiziellen Lehren dieser Religionen kaum entnehmen, worin die genauen Aufgaben der Engelwesenheiten bestehen.

Im ersten nachchristlichen Jahrhundert bekam *Dionysius Areopagita*, ein in Athen lebender Schüler und Freund des Apostels *Paulus*, von diesem den Auftrag, die Lehre von den »Engelchören« zu begründen und diese bestimmten Eingeweihten von Mund zu Ohr mitzuteilen. Da diese Lehre erstmals im 6. Jahrhundert aufgeschrieben wurde, zweifeln heutige Theologen die Existenz des Dionysius Areopagita an und sprechen von den Schriften des ›Pseudo-Dionysius‹. Dionysius brachte diese mannigfaltigen Wesenheiten erstmals in ein System, das dann später von Rudolf Steiner bestätigt und erheblich verfeinert wurde.

Die Engelwesenheiten lassen sich in Abhängigkeit von ihrem Entwicklungsstand, ihren Fähigkeiten und ihren Aufgaben in drei *Hierarchien* unterteilen. Jede der drei Hierarchien wiederum lässt sich in drei *Stufen* oder *Reiche* untergliedern, so dass man insgesamt von neun Reichen sprechen muss. So wie das *Reich der Menschen* in der physischen Welt noch drei Reiche unter sich hat (*Tierreich, Pflanzenreich* und *Mineralreich*) hat es im Geistigen neun Reiche über sich. Das unterste dieser geistigen Reiche ist das der *Engel*. Das Engelreich steht genau so um eine Stufe über dem Menschenreich wie dieses um eine Stufe über dem Tierreich steht. Das oberste Reich der dritten Hierarchie, also das der *Urbeginne*, steht somit um drei Stufen über dem Reich der Menschen, genau wie das wiederum um drei Stufen über dem Mineralreich steht. Alle diese geistigen Wesenheiten werden zusammengefasst als *»geistige Wesen der höheren Hierarchien«* bezeichnet.

Diese Wesen sind in ihrer Entwicklung dem Menschen schon weit vorangeeilt. Auch sie standen einmal in einem Entwicklungsprozess, den man mit dem vergleichen kann, den der Mensch heute durchmacht. Sie waren allerdings niemals auf der Erde, einem ihrer ›Vorläufer‹ oder einem anderen Planeten verkörpert. Sie verfügen nicht in dem Maße über einen freien Willen, wie das beim Menschen der Fall ist, aber sehr wohl über ein Ich- bzw. Selbstbewusstsein.

Jedes dieser Götterreiche hat seine ganz konkreten Aufgaben im Rahmen der göttlichen Weltenordnung sowie seine ganz besonderen Fähigkeiten. Alle diese Wesen sind auch stark an dem Entwicklungsprozess der Menschen und der Menschheit beteiligt. Nach dem Tod ist es für den Menschen sehr wichtig, dass er mit ihnen in der rechten Weise zusammenkommen kann, damit er von ihnen die Kräfte empfangen kann, die sie ihm reichen wollen. Diese Wesenheiten haben im Übrigen keine Kenntnis von dem, was wir »Tod« nennen. Sie kennen nur verschiedene Bewusstseinszustände.

Die Wesenheiten der ersten Hierarchie haben aufgrund ihrer Entwicklung einen Vorzug vor allen anderen Wesenheiten in der Welt: Sie sind in der Lage, die Gottheit in ihrer wahren Gestalt zu sehen. Sie haben also – wie man es im Christentum nennt – den »unmittelbaren Anblick Gottes«. Diese Möglichkeit haben selbst die Wesen der zweiten Hierarchie nicht mehr. Sie sehen die Gottheit nicht mehr in der ursprünglichen Gestalt, sondern nur in ihren Offenbarungen.

Es sei noch kurz angemerkt, dass über den Seraphim noch weitere göttliche Wesenheiten stehen, die von einer solchen Erhabenheit sind, dass der menschliche Verstand sie nicht erfassen und begreifen kann. Wenn man diese ›aufsuchen‹ wollte, käme man bereits in den ›über-kosmischen‹ oder ›trans-devachanischen‹ Bereich, in das Gebiet der *»göttlichen Trinität«* hinein.

Der *Vier*gliedrige Mensch

So wie der Mensch heute auf der Erde wandelt und vor uns steht, kann er als ein *viergliedriges Wesen* betrachtet werden, das aus **physischer Leib**, **Ätherleib**, **Astralleib** und **Ich(-Leib)** besteht.

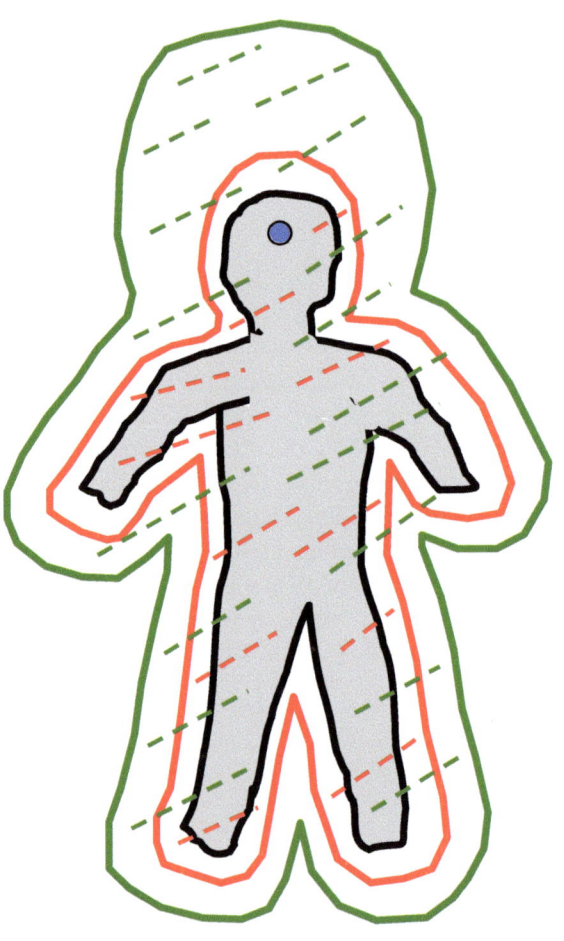

Ich(-Leib)

Astralleib

Ätherleib

physischer Leib

Die drei höheren Wesensglieder *durchdringen* den physischen Leib in einer sehr ähnlichen Weise, wie etwa die **übersinnlichen Welten** die Erdenwelt durchdringen.

Die Wesensglieder bei Mineral, Pflanze, Tier und Mensch	Ich				
	Astralleib				
	Ätherleib				
	physischer Leib				
		Mineral	Pflanze	Tier	Mensch

Die Regionen der Seelen- und Geisteswelt sowie die Planetensphären

Welt		Region	Sphäre
Geisteswelt (Devachan, Himmel)	obere Geisteswelt	7. Region	Tierkreisregion, Fixsternhimmel
		6. Region	
		5. Region	
	untere Geisteswelt	4. Region	
		Luftregion	Saturnsphäre
		Meeresregion	Jupitersphäre
		Kontinentalregion	Marssphäre
Seelenwelt (Astralwelt)	obere Seelenwelt	Region des Seelenlebens	Sonnensphäre
		Region der tätigen Seelenkraft	Venussphäre
		Region des Seelenlichtes	Merkursphäre
	untere Seelenwelt (Kamaloka)	Region von Lust und Unlust	Mondensphäre
		Region der Wünsche	
		Region der fließenden Reizbarkeit	
		Region der Begierdenglut	

Anmerkung:

Aus *geistiger Sicht* – und somit auch im Leben nach dem Tod – ist nicht unser heutiges heliozentrisches, sondern das *geozentrische Weltbild*, das die Erde als Mittelpunkt betrachtet, maßgebend. Daher werden auch *Sonne* und *Mond* als *Planeten* gewertet, weil sie genau wie die übrigen Planeten für unser *subjektives Empfinden* um die Erde herum zu kreisen *scheinen*. Aus der geozentrischen Sicht liegt die *Venus* näher zur Erde als der *Merkur*. Somit scheint in dieser Darstellung eine Verwechslung dieser beiden Planeten vorzuliegen. Rudolf Steiner wies aber des Öfteren darauf hin, dass die Namen dieser beiden Planeten von den Astronomen *vertauscht* worden seien als das heutige heliozentrische oder Kopernikanische Weltbild aufkam.

Die Planeten Pluto, Neptun und Uranus spielen für das nachtodliche Leben des Menschen keine Rolle.

Quellennachweis

1 Steiner, Rudolf: *»Die Stufen der höheren Erkenntnis«* (GA 12, 1993), S. 22
2 *»Katechismus der katholischen Kirche«* (2003), Nr. 366, S. 124
3 entnommen aus Zürrer, Ronald: *»Reinkarnation – Die umfassende Wissenschaft der Seelenwanderung«* Zürich: Sentient Press (1992), S. 297
4 vgl. https://schwabach.de/de/wissenswertes/neuigkeiten/neues-aus-den-aemtern/ 5111-1740-wunderkind-gestorben.html (vom 24.11.2021)
5 Steiner, Rudolf: *»Lucifer-Gnosis«* (GA 34, 1987), S. 73
6 Steiner, Rudolf: *»Über Gesundheit und Krankheit«* (GA 348, 1983), S. 193
7 vgl. Frieling, Rudolf: *»Christentum und Wiederverkörperung«* Urachhaus (1986), S. 10
8 Steiner, Rudolf: *»Anthroposophische Leitsätze«* (GA 26, 1989), S. 185
9 Steiner, Rudolf: *»Ursprung und Ziel des Menschen – Grundbegriffe der Geisteswissenschaft«* (GA 53, 1998), S. 76f.
10 Steiner, Rudolf: *»Lucifer-Gnosis«* (GA 34, 1987), S. 405
11 Steiner, Rudolf: *»Erfahrungen des Übersinnlichen – Die drei Wege der Seele zu Christus«* (GA 143, 1994), S. 49f.
12 Steiner, Rudolf: *»Theosophie – Einführung in übersinnliche Welterkenntnis und Menschenbestimmung«* (GA 9, 2000), S. 16
13 Steiner, Rudolf: *»Theosophie – Einführung in übersinnliche Welterkenntnis und Menschenbestimmung«* (GA 9, 2000), S. 45
14 Offenbarung 21, 1f.
15 *»Katechismus der katholischen Kirche«* (2003), Nr. 1035, S. 295
16 Paxino, Iris: *»Brücken zwischen Leben und Tod – Begegnungen mit Verstorbenen«* Stuttgart: Freies Geistesleben (2018), S. 37
17 Paxino, Iris: *»Brücken zwischen Leben und Tod – Begegnungen mit Verstorbenen«* Stuttgart: Freies Geistesleben (2018), S. 36f.
18 Högl, Stefan: *»Leben nach dem Tod – Menschen berichten von ihren Nahtod-Erfahrungen«* Rastatt: Moewig (1998), S. 46f.
19 Steiner, Rudolf: *»Die menschliche Seele in ihrem Zusammenhang mit göttlich-geistigen Individualitäten«* (GA 224, 1992), S. 57
20 Steiner, Rudolf: *»Die Theosophie des Rosenkreuzers«.* (GA 99, 1985), S. 38
21 Paxino, Iris: *»Brücken zwischen Leben und Tod – Begegnungen mit Verstorbenen«* Stuttgart: Freies Geistesleben (2018), S. 55
22 Ritchie, George G.: *»Rückkehr von morgen«* Marburg: Francke (2021), S. 39
23 Ladwein, Michael: *»Unsterblich – Über das Leben nach dem Tod«* Stuttgart: Urachhaus (2022), S. 68
24 vgl. Steiner, Rudolf: *»Theosophie – Einführung in übersinnliche Welterkenntnis und Menschenbestimmung«* (GA 9, 2000), S. 111f.

25 Steiner, Rudolf: *»Der Tod – die andere Seite des Lebens«*
    (Sonderausgabe, 1994), S. 16

26 Steiner, Rudolf: *»Zeitgeschichtliche Betrachtungen – Das Karma der
    Unwahrhaftigkeit«* (GA 174, 1983), S. 191

27 Steiner, Rudolf: *»Schicksalsbildung und Leben nach dem Tode«*
    (GA 157a, 1981), S. 82

28 Steiner, Rudolf: *»Der Tod – die andere Seite des Lebens«*
    (Sonderausgabe, 1994), S. 20

29 Steiner, Rudolf: *»Vor dem Tore der Theosophie«* (GA 95, 1990), S. 151

30 Steiner, Rudolf: *»Schicksalsbildung und Leben nach dem Tode«*
    (GA 157a, 1981), S. 11

31 Steiner, Rudolf: *»Das christliche Mysterium«* (GA 97, 1998), S. 31

32 Steiner, Rudolf: *»Die Wissenschaft vom Werden des Menschen«*
    (GA 183, 1990), S. 160f.

33 Steiner, Rudolf: *»Geisteswissenschaftliche Menschenkunde«*
    (GA 107, 1988), S. 257f.

34 Steiner, Rudolf: *»Mein Lebensgang«* (GA 28, 2000), S. 388

Weiterführende Literatur

Die spirituelle Seite des Todes

**Reinkarnation und Christentum,
Leben nach dem Tod
und
Sinn des Lebens**

© Justen, Josef F. (2024)
BoD-Books on Demand, Norderstedt
ISBN: 978-3-7583-3017-9
Hardcover; 556 Seiten (17 × 22 cm)
Print: 29,99 €; E-Book 12,99 €

Alle Themen, die in dem vorliegenden Büchlein nur kurz angerissen werden konnten, werden in diesem Buch, das 2024 bereits in 3. Auflage erschienen ist, in einer äußerst ausführlichen Weise behandelt. Allein dem Thema *»Leben zwischen Tod und neuer Geburt«* sind über 150 großformatige Seiten gewidmet.

Ein kleiner Auszug aus Lesermeinungen und Danksagungen

Ein umfassendes Werk, welches einen Gesamteindruck mit allen Details gibt. Anspruchsvoll, von vielen Blickwinkeln betrachtet, dieses Buch bringt wirklich viel Licht ins Dunkel. Sehr hervorzuheben ist, dass der Autor einen »roten Faden« gefunden hat, es für den Leser in einer Art Reihenfolge darzustellen, was in diesem Gebiet schier unmöglich erscheint!

Für Menschen, die einen lieben Menschen gehen lassen mussten und wissen wollen, was diesen Menschen »dort« erwartet (und einen selbst), wie es diesen Menschen geht und zu glauben lernen, dass dieser Mensch weiterhin bei uns »lebt«.

* * * * * * * * * * * * * * * * * * *

Sowohl für den Einsteiger als auch für Personen, die sich von Berufs wegen oder ehrenamtlich um die Begleitung Sterbender kümmern, eine unverzichtbare Stütze! Wer Hintergrundwissen zur spirituellen Seite des Todes sucht, wird an diesem Buch nicht vorbeikommen. Es ist aus der Sicht des Lesers das neue Standardwerk – mit Potenzial zum Bestseller. Sehr beeindruckend sind die umfangreichen Recherchen des Autors, wie die vielen Fundstellen beweisen.

* * * * * * * * * * * * * * * * * * *

Der Autor beschreibt sehr präzise, was die menschliche Seele nach dem Tod in den geistigen Welten erlebt. In dieser Ausführlichkeit habe ich das noch in keinem anderen Buch gefunden. Auch die Darstellungen über Reinkarnation und Karma sind umfassend und gut verständlich. Insbesondere wird gezeigt, dass diese Lehren nicht dem Christentum widersprechen!

＊ ＊ ＊ ＊ ＊ ＊ ＊ ＊ ＊ ＊ ＊ ＊ ＊ ＊ ＊ ＊ ＊

Die weit über 500 Seiten sind voll von verdichtetem Wissen [...] Das Buch liest sich dennoch leicht und flüssig. [...]

Eines der 5 besten Bücher, die ich im Regal stehen habe.

＊ ＊ ＊ ＊ ＊ ＊ ＊ ＊ ＊ ＊ ＊ ＊ ＊ ＊ ＊ ＊ ＊

Über Nachfrage bin ich dann auf Ihr Buch »Die spirituelle Seite des Todes« gestoßen und ich möchte ihnen mitteilen, dass ich ohne das Lesen Ihrer sehr gut nachvollziehbaren Ausführungen nicht gewusst hätte, wie ich mit dem frühen und plötzlichen Tod meiner Frau umgehen soll.

Dafür, dass Sie dieses Buch geschrieben haben, danke ich ihnen von ganzem Herzen.

＊ ＊ ＊ ＊ ＊ ＊ ＊ ＊ ＊ ＊ ＊ ＊ ＊ ＊ ＊ ＊ ＊

Ich bedanke mich herzlich für Ihr Buch »Die spirituelle Seite des Todes«. Es hilft, meine Seele zu heilen.

Verschaffen Sie sich selbst einen ersten Eindruck, indem Sie die sehr ausführliche Leseprobe auf unserer Autoren-Website studieren.

www.Justen-Buecher.com

Dort finden Sie auch umfassende Informationen zu allen anderen Büchern von Josef F. Justen

Blick hinter die Schwelle des Todes

Sterbeerlebnisse, Nahtod-Erfahrungen und Leben nach dem Tod aus geisteswissenschaftlicher Sicht

© Justen, Josef F. (2023)
BoD-Books on Demand, Norderstedt
ISBN: 978-3-7347-5418-0
Hardcover; 308 Seiten (17 × 22 cm)
Print: 24,99 €; E-Book 9,99 €

Dieses Buch basiert ganz wesentlich auf den Berichten von rund 400 Persönlichkeiten, die Nahtod-Erfahrungen hatten, die wir mit den Erkenntnissen der anthroposophisch orientierten Geisteswissenschaft beleuchtet haben. Es ist ebenfalls bestens geeignet, um dasjenige verstehen zu können, was der Mensch im Leben zwischen Tod und neuer Geburt in den übersinnlichen Welten erlebt und erfährt.

Eine Brücke zwischen Lebenden und Verstorbenen

Das Erleben und Wirken der Seele nach dem Tod und ihre Beziehung zu den Hinterbliebenen

© Justen, Josef F. (2022)
BoD-Books on Demand, Norderstedt
ISBN: 978-3-7568-4376-3
Hardcover; 144 Seiten (17 × 22 cm)
Print: 9,99 €; E-Book 5,49 €

Dieses Buch zeigt in erster Linie ganz konkret und *sehr ausführlich* auf, wie wir einen Menschen, der durch die Pforte des Todes geschritten ist, auf seinem nachtodlichen Weg begleiten und wie wir ihn unterstützen können.